Luxury

Brand Management:
Haute Horlogèrie

奢侈品品牌管理
高端腕表

李杰　著

上海交通大学出版社
SHANGHAI JIAO TONG UNIVERSITY PRESS

内容提要

　　高端腕表从来就不是简单的计时工具，它与品质稳定、价格合理的石英表迥然有异，它是制作工艺复杂、价值不菲的机械表。高端机械腕表在记录时间的同时，还体现了人类智慧的结晶。本著述包括 6 部分，涵盖了高端腕表行业的传承与创新，制造的设计、工艺及美学，品牌定位及架构，品牌形象构建的渠道与传播，高端腕表公司的创新管理以及 22 个世界顶级腕表品牌的特色与创新。本书内容丰富，结构清晰，图文并茂，视角独特，适用于经济与管理专业本科生、研究生及相关研究人士作为教材及参考读物。

基金项目

国家自然科学基金面上项目（71572107）

前言 方寸之间，寰宇天下

腕表记录的不单是时间，还同时演绎着生命轨迹里时光流逝的样子。于我们而言，它不只是简单的计时工具，更是一种人文情怀。伴随着擒纵机械组合徐徐运转，我们倾听齿轮咬合、转动的声音，为工艺的精湛和机械的魅力所折服。从日内瓦纹到鱼鳞纹机芯，从叶形到菱形、蛇形指针，从凯门鳄到美洲鳄再到小牛皮表带，腕表每个微小的部分，都值得热爱它的人们去细细品味。

其实，每一款经典的腕表背后，不仅有着精彩迷人的故事，更有从自然风貌、古老工艺、城市文明到历史古迹的岁月留痕。这世间的种种，如今都被一一还原浓缩到了手腕上的方寸之地，成为以瑞士制表师为主体的创造者手中的奇迹——"致广大而尽精微"。

腕表的迷人之处，不仅在于其长达数世纪的历史文化渊源，更在于它的门派之别——各有各的讲究，在制表理念、在对美学和技术的要求上都不尽相同。用一分高下的方法来理解钟表或许不为错，但如果用欣赏不同风格音乐的态度来把玩各门派的精湛时计艺术，那一定是更好的视角！

腕表短短数百年的历史，即使明知不可能真正完美，却仍没有放弃去无限接近——1886年订立的《日内瓦法则》就是匠人们对艺术的敬畏之心。腕表之于男人就如珠宝之于女人，腕表亦被称为腕上的礼服。男人一定要有三款表：日常生活中佩戴的休闲款，参加重要活动或办公时的正装款，跑步、打球时的运动款。现代人在工作与生活、拼搏与享乐、庄重与悠闲之间，总能轻松自如地转换——不论是哪一款，透露出的都应该是得体出众的个性格调。

对大多数人而言，腕表只是用于看时间而已。石英表走时似乎极为精确，且品质稳定、价格合理，成为绝大多数人选购手表时的首选。而机械腕表则需要定时保养，维修也有严谨的技艺要求。现实世界中，真有不少腕表买家沉迷于机械表世界——购买价格不菲的腕表，甚至拆解它，钻研其中的奥妙，夜以继日，乐此不疲。

高端机械腕表之所以远胜于石英表、电子表，实则在于它是传统制表名匠的艺术表征——不仅是零件与齿轮的结合，其极尽复杂的设计理念，更是制表名匠薪火相传的见证——既是人类梦想与努力的表现，亦是人类丰富创意、独特发明的真实印证。它异于石英表，是具有生命和灵魂的艺术，其可贵之处便在于其生命之火，并不仰赖现代独特的科技而永不熄灭。产于14世纪的第一代古董机械钟，至今仍有随时光之轮不停转动，保持正常的运作功能，如威尼斯圣马可广场上的塔钟仍千年如一日地精准摆动，记载着的不仅是流逝的时间和岁月，蕴含的更是情感和温度——传承与创新伴随着匠心、历史和传统永不磨灭。

人类生命遵循自然规律，需要靠营养与活力维持。高端机械腕表同样也遵循这种自然的规律，它需要呵护与保养。正因为机械腕表拥有与生命体的相似性，许多人对机械腕表产生了一种惺惺相惜的情感，甚或是对待亲人般的感受，期颐永远保留——"没有人真正拥有百达翡丽，你只不过为下一代保留而已"。

高端机械腕表和佩戴者之间亲密依赖的关系，是十分微妙的。从技术观点而言，两者之间有完全依赖的关系。因为没有人戴，它就无法正常精准运作转动——不论要不要上链，或者是否自动上链，它都是从佩戴者日常生活中的一举一动获得功能；它的运转完全倚靠人类，需要人们费时、费心去保养；它是佩戴者热衷于这种亲密无间的肌肤感受，是真情流露，更是热爱生命的一种方式。

感谢上海交通大学出版社。这部著述的顺利问世尤其与出版社团队和我在具有123年历史的中院工作室神聊有关。我同时还要感谢上海交通大学安泰经管学院和行业研究院的大力资助。

感谢北京大学出版社前艺术总监林胜利老先生在"奢侈品品牌管理"分类专题丛书系列出版过程中艺术家般的奉献情怀。

感谢上海雅昌艺术印刷有限公司、上海雅昌艺术中心张耀康先生在本系列丛书出版过程中始终坚持的"客户第一，高质量管控至上"的雅昌标准。

此外，我要感谢斯沃琪（中国）执委会成员、宝珀中国区副总裁廖昱先生，资深钟表师、瑞士WOSTEP制表学校认证教师黄君超先生，上海交通大学机械与动力学院MEM研究生、上海纳沙泰尔手表服务中心高级钟表师陈沛然先生等为本著述做出的积极贡献。

继续热爱生活吧！这是我经常与上海交通大学奢侈品品牌研究中心团队成员、交大校友孙立本、张家铭以及魏嘉韵、王海骁交流的话题。他们忘我的辛劳付出，犹如滴答的腕表指针，值得信赖。在滴答之间，心怀天下，为家国、为社会尽我们一代人的奋斗使命。

李杰

于交大俯仰斋

目　录

1

高端腕表行业：传承与创新

　　高端腕表行业已经成为奢侈品行业中一个重要的组成部分。不同于其他工业，腕表的制作不可能大规模量产，每一款腕表的制作都需要经过不断思考、改良，每个部件都需要经过再三打磨然后再组装。因此，各大品牌制表商会先确定新款腕表的风格、路线和腕表的适用范围，在综合这些因素下，考虑同与不同，推出的新款腕表也各有各的特色。有的会走不断改革创新之路，让人眼前一亮；而有的则走经典怀旧路线，引人遐想联翩。

本章将一览全球钟表概况,探索中国高端腕表消费者的行为与偏好,从世界三大腕表集团之斯沃琪集团(Swatch Group)、历峰集团(Richemont Group)及路威酩轩集团(Louis Vuitton Moët Hennessy,LVMH)和顶级独立制表公司可进一步探知高端腕表行业的传承与创新。

1.1　全球钟表市场概况

中国的钟表市场涉及品牌众多,整体上是国际知名钟表的天下,尤其是瑞士钟表。瑞士钟表一直是全球制表业的最高标准之一,也是中国市场上毫无争议的高端腕表霸主。瑞士钟表工业联合会就瑞士腕表、钟表的出口分别对 2017—2019 年每年前三季度的数据做了比较分析(见表 1.1),2019 年 1—9 月瑞士钟表出口额达 159.24 亿瑞士法郎,同比增长 2.8%。其中,中国香港市场(约 20.7 亿瑞士法郎)仍大幅领先保持第一,但同比下降 6.2%;美国市场(约 17.42 亿瑞士法郎)紧接其后,自 2015 年起连续三年呈下滑趋势,在 2018 年的回升后,将增长势头保持到 2019 年年初,同比增长 8.7%;中国大陆市场排名第三(约 13.86 亿瑞士法郎),同比增长 15.3%。日本与英国分列第四与第五,出口额均呈两位数大幅增长,尤其在英国市场,2019 年前三季度出口额同比增长率竟高达 24.5%。

回顾 2018 年,瑞士钟表出口额约为 212 亿瑞士法郎,同比增长 6.3%。上半年增长率达 10.6%,较 2017 年涨幅较大,势头尤为强劲,而下半年则回落为 2.3% 的增长率,但整体仍呈较平稳的正增长(见表 1.2)。

亚洲市场占总销售额的 53%,同比增长 12.2%。其中,中国香港作为瑞士钟表出口的第一市场,19.1% 的增长率尤为突出,全年保持强劲涨势。中国大陆市场自 2019 年 1 月以来增势逐渐放缓,以 11.7% 的同比增长率,总体也保持较平稳的增长。与中国大陆市场呈现的减缓现象相反,以美国为首的美洲市场增速提升,为整体增长做出了重大贡献,出口额同比增长7.2%,占瑞士钟表出口额的 14%。然而,作为瑞士钟表重要出口市场的欧洲占有 31% 的市场份额,在 2018 年出口额呈小幅下降,增长率为 −2.9%。其中,意大利(−14.3%)和西班牙(−11.4%)等南欧市场下降尤为明显,而德国(+4.3%)涨势较为平稳,法国在下半年表现平淡,受益于上半年的高速增长,最终出口额增长率为 9.1%。

表 1.1　2017—2019 年前三季度瑞士腕表、钟表出口数据（按出口市场）

国家/地区	出口额/百万瑞郎			同比增长率			
	2019 （Q1—Q3）	2018 （Q1—Q3）	2017 （Q1—Q3）	2019/2018		2019/2017	
				（+）	（−）	（+）	（−）
1. 中国香港	2 070.6	2 207.7	1 779.6		−6.2%	+16.4%	
2. 美国	1 742.5	1 603.0	1 504.8	+8.7%		+15.8%	
3. 中国大陆	1 386.8	1 203.1	1 068.1	+15.7%		+29.8%	
4. 日本	1 215.5	975.9	866.9	+24.5%		+40.2%	
5. 英国	1 027.5	866.9	947.7	+15.9%		+8.4%	
6. 新加坡	910.0	806.5	824.8	+12.8%		+10.3%	
7. 德国	827.4	830.6	800.6		−0.4%	+3.3%	
8. 法国	775.1	797.8	720.6		−2.8%	+7.6%	
9. 意大利	714.6	758.1	874.2		−5.7%		−18.3%
10. 韩国	698.6	669.4	511.2	+4.4%		+36.6%	
11. 阿联酋	688.6	649.1	643.6	+6.1%		+7.0%	
12. 西班牙	286.8	291.9	329.8		−1.8%		−13.1%
13. 中国台湾	230.3	229.3	230.5	+0.4%			−0.1%
14. 沙特阿拉伯	221.9	250.0	244.2		−11.2%		−9.1%
15. 荷兰	184.1	201.6	196.2		−8.7%		−6.2%
16. 泰国	172.9	219.1	173.2		−21.1%		−0.2%
17. 澳大利亚	168.3	180.6	145.3		−6.8%	+15.8%	
18. 墨西哥	157.7	152.0	139.0	+3.8%		+13.5%	
19. 卡塔尔	153.5	171.0	110.9		−10.2%	+38.4%	
20. 加拿大	139.2	129.7	116.0	+7.4%		+20.0%	
21. 俄罗斯	138.5	139.3	107.2		−0.5%	+29.3%	
22. 奥地利	136.1	155.3	219.4		−12.4%		−38.0%
23. 葡萄牙	124.6	130.2	122.5		−4.3%	+1.7%	
24. 印度	110.8	113.9	77.4		−2.7%	+43.3%	
25. 科威特	106.1	118.7	99.9		−10.6%	+6.2%	
26. 土耳其	104.2	117.7	97.5		−11.5%	+6.9%	
27. 巴林	91.4	80.0	65.8	+14.2%		+38.8%	
28. 比利时	83.4	77.2	86.4	+8.1%			−3.4%
29. 希腊	72.0	64.9	66.9	+10.9%		+7.6%	
30. 马来西亚	58.2	68.4	62.6		−14.8%		−7.0%
30 个市场总额	14 797.1	14 278.6	13 232.7	+3.6%		+11.8%	
占%	92.9%	92.2%	91.8%	+0.8%			
总额	15 924.0	15 489.6	14 409.5	+2.8%		+10.5%	

资料来源：瑞士钟表工业联合会。

表 1.2　2016—2018 年瑞士腕表、钟表出口数据（按出口市场）

国家/地区	出口额/百万瑞郎			同比增长率			
	2018	2017	2016	2018/2017		2018/2016	
				（＋）	（－）	（＋）	（－）
1. 中国香港	3 001.4	2 520.6	2 382.6	+19.1%		+26.0%	
2. 美国	2 216.4	2 049.1	2 145.3	+8.2%		+3.3%	
3. 中国大陆	1 717.2	1 536.7	1 293.4	+11.7%		+32.8%	
4. 日本	1 341.7	1 229.4	1 261.9	+9.1%		+6.3%	
5. 英国	1 233.1	1 290.0	1 206.4		−4.4%	+2.2%	
6. 德国	1 124.1	1 077.8	1 101.6	+4.3%		+2.0%	
7. 新加坡	1 106.7	1 099.5	1 012.9	+0.7%		+9.3%	
8. 法国	1 070.9	981.5	985.8	+9.1%		+8.6%	
9. 意大利	1 011.8	1 181.2	1 180.8		−14.3%		−14.3%
10. 阿联酋	910.4	895.4	923.6	+1.7%			−1.4%
11. 韩国	878.5	698.7	662.0	+25.7%		+32.7%	
12. 西班牙	396.5	447.3	446.0		−11.4%		−11.1%
13. 沙特阿拉伯	344.2	325.1	347.2	+5.9%			−0.9%
14. 中国台湾	306.1	303.7	345.6	+0.8%			−11.4%
15. 泰国	279.0	253.2	240.2	+10.2%		+16.2%	
16. 荷兰	267.4	272.7	232.0		−1.9%	+15.3%	
17. 澳大利亚	240.1	199.8	211.5	+20.2%		+13.5%	
18. 卡塔尔	214.9	141.0	136.0	+52.5%		+58.0%	
19. 墨西哥	214.1	198.6	192.3	+7.8%		+11.4%	
20. 奥地利	210.4	299.6	303.2		−29.8%		−30.6%
21. 俄罗斯	194.7	155.3	154.0	+25.4%		+26.5%	
22. 加拿大	177.2	162.6	163.0	+8.9%		+8.7%	
23. 葡萄牙	175.3	164.2	143.2	+6.8%		+22.4%	
24. 印度	154.9	115.6	107.1	+34%		+44.6%	
25. 科威特	150.1	137.6	143.4	+9.1%		+4.7%	
26. 土耳其	145.0	132.9	113.2	+9.1%		+28.1%	
27. 巴林	129.3	101.1	90.9	+27.9%		+42.4%	
28. 比利时	102.7	117.1	112.8		−12.3%		−9.0%
29. 马来西亚	93.4	89.9	76.5	+3.9%		+22.0%	
30. 阿曼	92.4	67.7	65.7	+36.5		+40.6%	
30 个市场总额	19 500.0	18 244.9	17 779.9	+6.9%		+9.7%	
占%	92.1%	91.6%	91.6%	+0.6%			
总额	21 173.2	19 921.0	19 406.6	+6.3%		+9.1%	

资料来源：瑞士钟表工业联合会。

在腕表市场中,2018 年瑞士腕表出口额占瑞士钟表出口额的 94.2%,达 199.4 亿瑞士法郎,同比增长 6.1%(见表 1.3)。总计出口腕表约 2 374 万枚,与 2017 年相比减少了 2.3%。腕表材质以贵金属(+4.4%)、精钢(+6.1%)和双金属(+11.5%)为主,三者均呈现显著增长。其中精钢材质被应用于超半数的腕表上,出口数量增长率为 4.3%。其他金属类别的腕表出口数量则下降了 12.7%,其他材料的腕表更是大幅下降了 15.2%。在机芯市场方面,机械机芯及电子机芯均呈现正增长,机芯出口数量及出口额增长率分别为 3.7% 和 8.8%,保持稳健增长势态。在出口额方面,2018 年出口价低于 500 瑞士法郎的钟表产品出口数量有所下降(-5%),而出口价高于 500 瑞士法郎的钟表无论是出口数量还是出口额都出现正增长:出口数量同比增长 8.1%,出口额同比增长 7.5%。

表 1.3　瑞士腕表、钟表出口情况(按类型)

产品	年份	机械		电子		总数		增长率	
		数量/枚	金额/百万瑞郎	数量/枚	金额/百万瑞郎	数量/枚	金额/百万瑞郎	数量/枚	金额
腕表	2013	7 474 483	16 016.8	20 637 440	4 601.7	28 111 923	20 618.6		
	2014	8 130 679	16 572.6	20 454 971	4 415.7	28 585 650	20 988.3	+1.7%	+1.8%
	2015	7 812 378	16 259.1	20 325 149	3 978.9	28 137 527	20 237.9	-1.6%	-3.6%
	2016	6 963 027	14 665.6	18 433 223	3 591.5	25 396 250	18 257.0	-9.7%	-9.8%
	2017	7 237 670	15 332.4	17 067 602	3 456.8	24 305 272	18 789.2	-4.3%	+2.9%
	2018	7 523 529	16 338.0	16 213 618	3 603.1	23 737 147	19 941.2	-2.3%	+6.1%
机芯	2013	1 100 132	130.7	5 349 028	105.8	6 449 160	236.5		
	2014	1 225 238	147.4	5 134 840	105.4	6 360 078	252.8	-1.4%	+6.9%
	2015	1 023 331	137.8	4 830 038	97.9	5 853 369	235.7	-8.0%	-6.8%
	2016	922 154	122.4	3 788 597	83.2	4 710 751	205.6	-19.5%	-12.8%
	2017	936 237	116.2	3 835 218	74.5	4 771 455	190.7	+1.3%	-7.3%
	2018	955 639	124.6	3 992 907	82.9	4 948 546	207.5	+3.7%	+8.8%
出口总值	2013					21 834			
	2014					22 258			+1.9%
	2015					21535			-3.2%
	2016					19 407			-9.9%
	2017					19 921			+2.7%
	2018					21 173			+6.3%

资料来源:瑞士钟表工业联合会。

如今，中国大陆市场上销售的瑞士制造（Swiss Made）认证的腕表品牌多隶属于三大奢侈品集团，即斯沃琪集团、历峰集团和路威酩轩集团。斯沃琪集团旗下有宝玑（Breguet）、宝珀（Blancpain）、格拉苏蒂原创（Glashütte Original）、雅克德罗（Jaquet Droz）、海瑞温斯顿（Harry Winston）、黎欧夏朵（Lèon Hatot）、欧米茄（Omega）、浪琴（Longines）、雷达（Rado）和宇联（Union Glashütte）等高端腕表品牌；历峰集团旗下有江诗丹顿（Vacheron Constantin）、名士（Baume & Mercier）、积家（Jaeger-LeCoultre）、朗格（A. Lange & Söhne）、卡地亚（Cartier）、沛纳海（Officine Panerai）、万国（IWC）、伯爵（Piaget）、梵克雅宝（Van Cleef & Arpels）、罗杰杜彼（Roger Dubuis）等腕表品牌；路威酩轩集团旗下有宇舶（Hublot）、泰格豪雅（Tag Heuer）、真力时（Zenith）、宝格丽（Bulgari）等品牌。此外，以劳力士（Rolex）集团、百达翡丽公司（Patek Philippe）为代表的独立制表企业也在中国市场举足轻重。

除"瑞士制造"认证的品牌外，日本品牌、德国品牌和自主品牌也是中国高端腕表市场的积极参与者。2018年，日本钟表业的出口额超过9.4亿美元，对中国内地与中国香港的出口占比高达76.7%；德国钟表业的出口额约19亿美元，对中国内地和中国香港的出口占比达9%。

日本高端腕表几乎全部出自精工集团和西铁城集团，精工集团旗下有精工（Seiko）、冠蓝狮（GrandSeiko）、贵朵（Credor）、琶莎（Pulsar）、洛斯（Lorus）、雅柏（Alba）、东方双狮（Orient）等品牌，西铁城集团旗下有西铁城（Citizen）、康斯登（Frederique Constant）、宝路华（Bulova）、亚诺（Arnold & Son）等品牌。德国顶级腕表品牌多归于瑞士制表商或奢侈品集团旗下，但高级类别与中高级类别品牌则以独立制表企业为主。

1.2 高端腕表消费者状况

无论是在当下的中国、美国还是欧洲老牌国家，奢侈品受到越来越多的关注。年龄、教育、收入、房价、消费观念、消费者信心、城市代际、地域差等因素，再加上数十种细分维度，产生了成千上万种不同的高端腕表消费者。尤其在以中国为代表的发展中国家，这些消费已经走向了碎片化、理性化和圈层化，并且随着经济的发展，消费升级成了未来五年最大的趋势。从图1.1～图1.3中可以发现近十余年中国富裕人群的变化：2018年，中国的高净值人群（high net worth individuals，HNWI）数量达到197万；2019年，该数量预计可达220万；2008—2018年的年均复合增长率达21%，其中，广东、上海、北京、江苏和浙江五个省市拥有全国近半数的高净值人群（约43%）和高净值财富（约59%），不过各区域之间的差异正在不断缩小。从高净值人群的职业角度来看，企业高级管理层、中层及专业人士群体规模不断上升，从2017年的29%迅速增长至36%，他们也成了中国消费升级的重要推动力量。

个人可投资资产超过1 000万人民币的人数 / 万

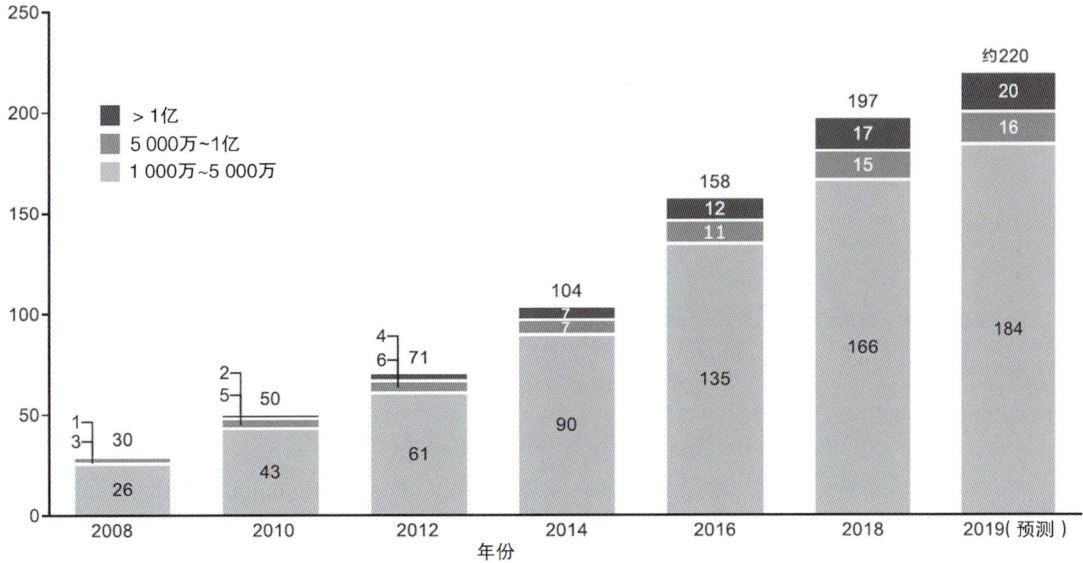

图 1.1　2008—2018 年中国高净值人群规模与构成及 2019 年预测数据

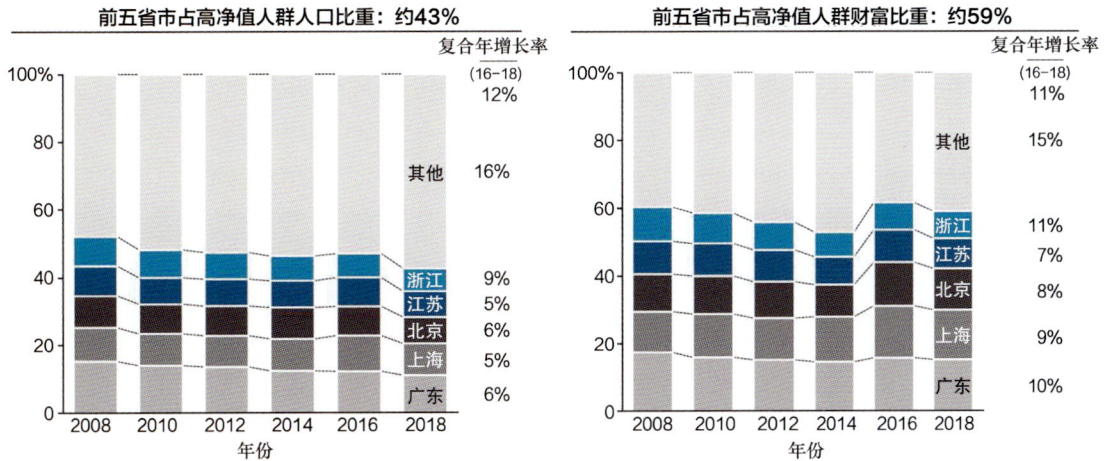

图 1.2　2008—2018 年广东、上海、北京、江苏、浙江和
其他地区高净值人群（左）和高净值财富（右）的全国占比情况

　　奢侈品消费作为消费升级的重要现象之一，正在中国如火如荼地蔓延开来。中国市场的奢侈品消费从 2008 年开始，几乎没有受到金融危机的影响，反而受益于中国政府的 40 000 亿人民币经济刺激计划，"中国因素"在奢侈品消费市场的影响力不再局限于国内市场，如今来自中国的奢侈品消费影响力已扩张至全球。从 2008—2014 年，购买奢侈品的中

2017

高净值人群规模按职业及资产规模划分

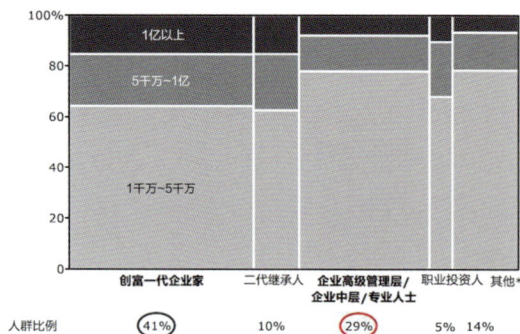

| 人群比例 | 创富一代企业家 (41%) | 二代继承人 10% | 企业高级管理层/企业中层/专业人士 (29%) | 职业投资人 5% | 其他* 14% |

2019

高净值人群规模按职业及资产规模划分

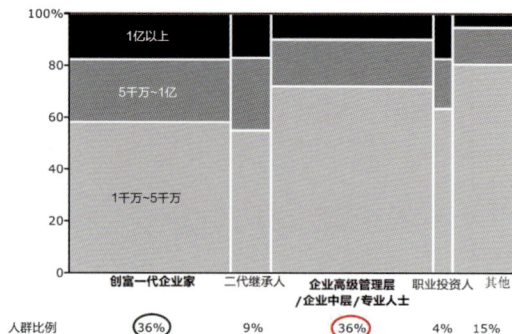

| 人群比例 | 创富一代企业家 (36%) | 二代继承人 9% | 企业高级管理层/企业中层/专业人士 (36%) | 职业投资人 4% | 其他 15% |

图 1.3 2017 年和 2019 年中国高净值人群职业与资产划分

（资料来源：招商银行×贝恩公司.2019 中国私人财富报告［R］.2019.）

国家庭翻了一番；从 2015 年起，中国奢侈品消费增长的主要推手已从首次消费转变为增量消费，消费者偏好也不断发生改变。根据贝恩公司（Bain）2019 年的统计（见图 1.4），2018 年中国大陆奢侈品消费占全球消费的 9%，中国消费群体消费额占据全球市场的 33%，达 860 亿欧元左右。除了个人奢侈品消费，奢侈品生活方式体验类消费（顶级酒店等）也在中国市场出现了增长趋势。

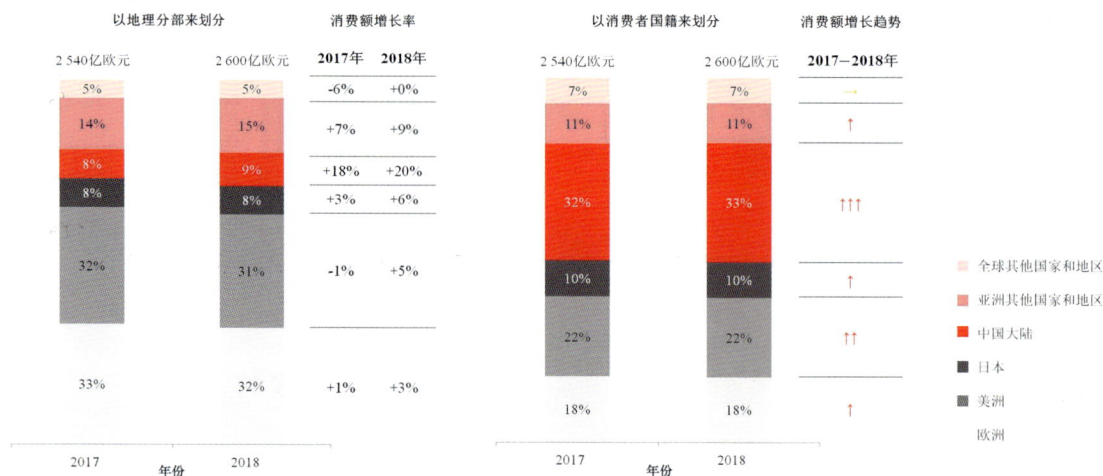

图 1.4 2017—2018 年全球奢侈品消费情况①

（资料来源：贝恩公司 2019 年中国奢侈品市场研究）

① 消费者增长率和增长趋势均按不变汇率计算。

作为奢侈品代表之一的高端腕表，近年来受到越来越多高净值人士的青睐，在奢侈品消费中的比重稳步上升。根据艾瑞咨询（iResearch）2019 年报告的测算，2018 年腕表及珠宝产品的消费总额占中国奢侈品消费总额的 22% 以上，中国大陆高端腕表的市场规模达到 194 亿元，同比增长 20.9%，增速连续两年达 20% 以上（见图 1.5）。

图 1.5　2014—2018 年中国大陆高端腕表市场规模及增长率

（资料来源：艾瑞咨询前瞻产业研究院，2019）

高端腕表大受欢迎，最明显的原因是其具有投资和收藏价值。高端腕表投资价值明显，它们一般具有保值增值功能。在高端腕表领域，生产商都追求完美品质，而非数量，所有产品都只是限量生产或小批量生产，以彰显其高贵罕有。因此，无论是蓝钢和玫瑰金的指针设计、防止遭受磁力干扰，还是 150 米深防水等特性功能，都令其成为投资保值的硬通货。此外，高端腕表还具有携带方便、容易保管等特点，自然而然成为很多投资者的选择，尤其是限量版和具有特殊收藏价值的腕表。

另一方面，随着中国奢侈品消费群体的不断扩大，高端腕表的消费文化也在孕育形成，高端腕表成为某些注重身份的消费者显示其文化品位、社会地位的有效装饰品。与此同时，高端腕表消费呈现出大众化趋势。作为奢侈品，高端腕表一直是很多中低收入者不可触及的梦想，但是这一现状正快速改变。尽管高端腕表价格不菲，但随着经济的发展，对于大部分城市中等收入者和白领阶层来说，几万元买一块腕表也并不是不可实现的愿望。这令高端腕表具有了更广泛的消费群体，直接促进了高端腕表消费市场的迅速提升。

1.3 高端钟表集团:斯沃琪集团、历峰集团和路威酩轩集团

世界钟表有三大巨头集团,分别为斯沃琪集团、历峰集团和路威酩轩集团。它们作为整个瑞士钟表业的领军梯队已经呈现出三足鼎立的局面。

1.3.1 斯沃琪集团

斯沃琪集团是尼古拉斯 • 海耶克(Nicolas G. Hayek)对原瑞士钟表工业公司(Allgemeine Gesellschaft der Schweizerischen Uhrenindustrie,ASUAG)和原瑞士钟表总公司(Société Suisse pour l'Industrie Horlogère,SSIH)进行了历时四年多的重组后,最终在1985年促成两家钟表公司合并而成立的。英文名"Swatch"中的"S"不仅代表产地,而且含有"第二块表"(the second watch)之意,表示人们可以像拥有时装一样,同时拥有两块或两块以上的手表。这是海耶克想传递的理念:手表不再只是一种昂贵的奢侈品和单纯的计时工具,而是一种"戴在手腕上的时装"。

在1983年尼古拉斯 • 海耶克推出新式手表以前,多数人是买一块表用一辈子。海耶克给手表注入情感,使它成为像耳环、领带一样招人喜欢的装饰品。这一切变化缘于海耶克设计的从低价位到高价位排列的产品金字塔,并将商业模式的打造分为三个阶段。

斯沃琪集团旗下拥有众多腕表与珠宝品牌(见图1.6),其中包括大众时尚品牌斯沃琪(Swatch)和飞菲(Flik Flak),高端品牌雪铁纳(Certina)、美度(Mido)、汉米尔顿(Hamilton)、卡尔文 • 克莱恩(Calvin Klein)手表与珠宝系列、宝曼(Balmain)和天梭(Tissot),入门级奢侈品品牌浪琴(Longines)、雷达和宇联,主流级奢侈品品牌黎欧夏朵和欧米茄,威望级奢侈品品牌海瑞温斯顿、格拉苏蒂原创、雅克德罗、宝玑和宝珀。2018财年(2018年1月1日—2018年12月31日),由于中国腕表和珠宝需求旺盛,海瑞温斯顿和欧米茄增长强劲,入门级和主流级奢侈品品牌都取得了良好增长。按实际汇率计算,斯沃琪集团净销售额为84.75亿瑞士法郎,同比增长6.1%;净营业利润为11.54亿瑞士法郎,同比增长15.2%。2019财年(2019年1月1日—2019年12月31日)由于中国香港不稳定社会局势的冲击以及不利的汇率波动,斯沃琪集团净销售额为82.43亿瑞士法郎,同比下跌2.7%;净营业利润为10.23亿瑞士法郎,同比下跌11.4%。(见表1.4)。

图 1.6　斯沃琪集团旗下品牌

（资料来源：斯沃琪集团官网。）

表 1.4　2016—2019 财年斯沃琪集团的财务情况

单位：百万瑞士法郎

财务指标	2019 财年	2018 财年	2017 财年	2016 财年
净销售额	8 243	8 475	7 989	7 553
净营业利润	1 023	1 154	1 002	805
净收入	748	867	755	593
业务活动现金流	1 224	943	1 264	1 010
权益价值	11 493	11 274	11 289	11 073

　　斯沃琪集团商业模式的第一阶段是通过并购的方法，收购了大量的手表品牌，建立了从低端到高端的完整产品线，无论客户的收入是高还是低，只要客户想买表，总能买到适合自己的表。

　　第二个阶段是斯沃琪集团再次通过并购的方法，不断向上游扩展，控制了机械机芯等关键部件 75% 的市场，对整个产业链形成控制，包括劳力士等品牌都要从斯沃琪集团购买机械机芯。之后，斯沃琪集团又通过限制甚至停止机械机芯供货的方式与这些竞争对手达成一定的利益共识。为了更好地控制竞争对手并传递集团的核心价值,斯沃琪集团要求厂商注明机芯的品牌,希望通过这个方式提醒顾客这是斯沃琪集团的。

在控制了上游关键环节之后,斯沃琪集团又开始了第三个阶段,进入下游的钟表零售市场。海耶克家族通过入股的方式成为亨得利表行的股东(12.5%的股份),因此,在全球的手表专卖区,顾客经常能看到斯沃琪集团旗下的品牌。通过建立产品金字塔,斯沃琪集团覆盖了足够多的客户,使自己能在不同级别的产品线上赚钱,再通过并购的方法,掌握了上下游价值链的关键资源,成为钟表行业最具影响力的产业霸主。

此外,由于钟表的特殊性,维修与售后服务也是斯沃琪集团战略的关键组成部分。以中国为例,斯沃琪集团在中国大陆设立了以位于上海的"客户服务综合中心(Customer Service Competence Center)"为核心,以上海、北京、成都、广州、沈阳和西安六家分公司为基础,以遍布全国的品牌直营服务中心、品牌授权服务中心为辅助的庞大的客户服务系统。同时,在我国澳门、香港和台湾地区也分别设立了地区性客户服务中心。

综合中心每月的腕表维修量约 16 000 枚,其中 80% 的维修服务免费,20% 是收费定制服务,其中天梭占腕表维修量的 35% 左右,除欧米茄外的奢侈品腕表品牌仅占 1%。顶级的钟表质量是斯沃琪集团客户满意度的保证,优质的售后服务是品牌资产增值的重要方式之一,也是斯沃琪集团位列三大奢侈品集团、赢得诸多消费者美誉和信任的原因。

1.3.2　历峰集团

历峰集团是瑞士奢侈品公司,它由南非亿万富翁安顿·鲁伯特(Anton Rupert)在 1988 年建立。公司涉及的 4 个商业领域分别是腕表、珠宝、配饰以及时装,至 2019 年,旗下共有 18 个品牌,其中 10 个是腕表品牌(见表 1.5)。从 2004 年起,按奢侈品业务的营业额计算,它是世界第二大奢侈品公司,仅次于路威酩轩集团。截至 2019 年 3 月 31 日的 2019 财年[①],历峰集团旗下的珠宝、皮革制品和书写工具销售明显增长,中国、韩国和英国市场增长十分强劲,美国市场也恢复了增长,净利润从 2018 财年的 12.21 亿欧元迅速增长至 27.87 亿欧元,增幅达 128.26%(见表 1.6)。

表 1.5　历峰集团旗下钟表品牌

成立年份	品牌	成立地点
1755	江诗丹顿	瑞士日内瓦
1830	名士	瑞士日内瓦

---

① 历峰集团的财年比较特殊,时间跨度是从每年的 4 月 1 日到第二年的 3 月 31 日。2019 财年的时间跨度为 2018 年 4 月 1 日—2019 年 3 月 31 日。下文所涉及历峰财年,均按此方式统计。

（续表）

成立年份	品牌	成立地点
1833	积家	瑞士勒桑捷
1845	朗格	德国格拉苏蒂
1847	卡地亚	法国巴黎
1860	沛纳海	意大利佛罗伦萨
1868	万国	瑞士沙夫豪森
1874	伯爵	瑞士日内瓦
1906	梵克雅宝	法国巴黎
1995	罗杰杜彼	瑞士日内瓦

表 1.6　2017—2019 财年历峰集团的财务情况

单位:百万欧元

财务指标	2019 财年	2018 财年	2017 财年
销售额	13 989	11 013	10 647
销售成本	(5 344)	(3 829)	(3 848)
总利润	8 645	7 184	6 799
净营业成本	(6 702)	(5 304)	(5 035)
营业利润	1 943	1 844	1 764
税前利润	3 168	1 653	1 570
净利润	2 787	1 221	1 210

高端腕表部门业务在历峰集团中成长显著。2019 财年,高端腕表部门销售额增长了10%,营业利润增长了 44%,营业利润率增长了 12.7%。成长的主要原因在于过去几年中,腕表品牌不再进行库存回购,从而减少了直营店专门店等的压力。[①] 而在所有腕表销售中,日本和美洲国家和地区业绩最佳,江诗丹顿、积家和万国直营店的销售额均达到了两位数的增长。值得注意的是,历峰集团腕表批发业务增长了 7% 左右;由于日本市场的回暖以及韩国市场的崛起,亚洲国家与地区批发收入呈两位数增长,但在欧洲、中东和非洲都有所下降。

历峰集团董事长约翰·鲁伯特(Johann Rupert)提到未来以满足消费者的需求为主要

---

① 2016 年,历峰集团为了避免经销商因库存压力削价竞争而推出了关于不再进行库存回购的特殊策略。

商业模式,高级钟表销售会朝向单一品牌专营店、在线销售或与拥有多品牌的零售店家合作为主,通过实时化生产系统来降低库存量,并更专注于电商平台的发展空间。

1.3.3 路威酩轩集团

路威酩轩集团在 1987 年由贝尔纳·阿尔诺(Bernard Arnault)将路易威登公司与酩悦轩尼诗(Moët Hennessy)公司合并而成。随后,路威酩轩集团不断扩张,通过资本运作兼并了许多奢侈品品牌,逐渐在奢侈品行业树立了霸主地位。集团主要业务包括以下领域:葡萄酒及烈酒(wines & spirits)、时装及皮具(fashion & leather goods)、香水及化妆品(perfumes & cosmetics)、钟表及珠宝(watches & jewelry)、精品零售(selective retailing)和其他业务(other activities)。至 2020 年 6 月,集团旗下已有 75 个品牌。其中,钟表及珠宝品牌共 6 个:尚美巴黎(Chaumet)、泰格豪雅、真力时、宝格丽、斐登(Fred)和宇舶(见图 1.7)。

尚美巴黎
创立于1780年

泰格豪雅
创立于1860年

真力时
创立于1865年

宝格丽
创立于1884年

斐登
创立于1936年

宇舶
创立于1980年

图 1.7 路威酩轩集团旗下钟表及珠宝品牌

得益于时装、钟表与珠宝的强劲业绩,2018 财年(2018 年 1 月 1 日—2018 年 12 月 31 日)路威酩轩集团收入达 468.26 亿欧元,同比增长 10%;经营利润同比增长 21%,至 100.03 亿欧元;净利润同比增长 18%,至 63.54 亿欧元。2019 财年(2019 年 1 月 1 日—2019 年 12 月 31 日)路威酩轩集团收入达 536.70 亿欧元,同比增长约 15%,经营利润和净利润达到历史新高,分别为 115.04 亿欧元和 71.71 亿欧元(见表 1.7 和表 1.8)。

表 1.7 2016—2019 财年路威酩轩集团的主要财务情况

单位:百万欧元

财务指标	2019 财年	2018 财年	2017 财年	2016 财年
营业收入	53 670	46 826	42 636	37 600
经营利润	11 504	10 003	8 293	7 026
净利润	7 171	6 354	5 129	3 981

表 1.8 2016—2019 财年路威酩轩集团销售额情况

单位:百万欧元

业务领域	2019 财年	2018 财年	2017 财年	2016 财年
葡萄酒及烈酒	5 576	5 143	5 084	4 835
时装及皮具	22 237	18 455	15 472	12 775
香水及化妆品	6 835	6 092	5 560	4 953
钟表及珠宝	4 405	4 123	3 805	3 468
精品零售	14 791	13 646	13 311	11 973
其他业务		714	651	638
总计	53 670	46 826	42 636	37 600

路威酩轩集团的腕表业务占集团收入很小,不到 10%,但增长十分迅速,这与路威酩轩集团选择了将传统与工业化生产结构相结合的路径分不开。路威酩轩集团当前大部分腕表生产环节已经实现机械化、自动化和数字化,如多数细微的零件使用机器设备生产,泰格豪雅的测试实验室能够进行抗压等 160 多项测试,宇舶一台机器则 24 小时运营,同时测试 500 只手表的走时精度。

对于腕表品牌来说,只尊重和传承传统是远远不够的。路威酩轩集团采取垂直化品牌战略,每个品牌都有其独特的形象和定位。无论是目标客户、价位、分销策略、品牌传播还是体验,泰格豪雅、真力时和宇舶三者截然不同,鲜有重叠之处。就腕表定价均价而言,宇舶为20 000 欧元,真力时为 7 200 欧元,泰格豪雅为 2 800 欧元。例如,宇舶每年共生产 65 000 只手表,目前的年产量增长率为 10%～15%。该品牌的理念在于融合艺术,打造"无拘无束"的奢侈品。其颠覆性的"反传统"设计方式,赢得了大批潮流人士的喜爱,如已逝的知名时装大师卡尔·拉格斐(Karl Lagerfeld),他在出席香奈儿(Chanel)时装发布会时佩戴了一只亮红色的宇舶陶瓷手表。宇舶还在积极拥抱线上业务,推出全新数字旗舰店——Digital Boutique,意图打造全新的奢侈品线上零售模式。

同时,路威酩轩集团始终坚持培养自己的腕表人才。2014 年,集团推出了工匠培训项目 Institut des métiers d'excellence(简称 IME),两年后,钟表工匠培训基地落户泰格豪雅总部大楼。担任钟表 IME 项目导师的罗南·格雷瓜尔(Ronan Gregoire)表示:"过去三年,泰格豪雅和真力时的制表匠就在这里接受训练,其他课程则是与专业培训院校合作运营,目前能同时培养十二名不同制表水平的学生。"目前,除了指导学生外,罗南·格雷瓜尔自己仍有 20% 的时间用来制表。伴随着制表行业的再次增长,各大钟表商对于专业制表师的需求也随之增加。虽然不是所有参加 IME 培训项目的学生都能加入路威酩轩集团,但这对他们的未来发展依然大有帮助。对路威酩轩集团而言,IME 融钟表产品研发、钟表制作工坊及售后服务等多个方面的人才培养为一体,而"通过与成衣、香槟品牌的合作,路威酩轩集团的企业环境能拓宽学生们的视野,在培训过程中,他们也能见识泰格豪雅、真力时和宇舶的工坊。学生们还有机会参观路易威登的时光工厂"。

事实上,每个钟表品牌在基本制作技术和技巧方面相差无几,但它们拥有全然不同的体验和企业文化,这是路威酩轩集团成功的独特之处。

|研究案例　百达翡丽|

"没有人真正拥有百达翡丽，只不过为下一代保管而已。"从不请代言人的百达翡丽，用这样耳熟能详的广告语，让普罗大众领会到：百达翡丽的代言人就是百达翡丽的手表，而这也完美诠释了百达翡丽传承与创新的基因（见图 1.8）。

图 1.8　百达翡丽"代代相传"系列广告

瑞士拥有众多享誉世界的钟表品牌，如果说瑞士是世界钟表业的一项皇冠的话，那么这顶皇冠上镶嵌的明珠非百达翡丽莫属。

百达翡丽是个讲究经典传承的钟表品牌。创立于 1839 年的百达翡丽一直秉承日内瓦的传统制表工艺，从未间断。其每块表的平均零售价达 20 000～30 000 美元。它是瑞士仅存的真正的独立制表商之一，从头至尾都是自己生产。训练一名百达翡丽制表师需 10 年时间。高贵的艺术境界与昂贵的制作材料塑造了百达翡丽经久不衰的品牌效应。

钟表爱好者及贵族都以拥有一块百达翡丽表为荣耀。多年来，百达翡丽的客户及佩戴者中不乏显赫人士，包括英国女王维多利亚、英国女王伊丽莎白二世、教皇庇护九世、阿尔伯特·爱因斯坦、居里夫人、约翰·肯尼迪、纳尔逊·曼德拉、毕加索、柴可夫斯基、列夫·托尔斯泰等。

正如安东尼·诺克·百达（Antoine Norbert de Patek）和让-阿德里安·翡丽先生（Jean-Adrien Philippe）在创建品牌时承诺的那样，百达翡丽制表工坊在设计、研发直至装配的整个过程中拥有完全的创新自由。他们打造出了诸如 Nautilus 鹦鹉螺系列、Gondolo 系列、Calatrava 系列等令钟表专家交口称赞的世界级钟表杰作（见图 1.9）。除了超凡的专业技能,百达翡丽还继承了优良的创新传统,因此公司获得了一百余项专利技术,包括旋柄上发条、精确调节器、双重计时器、大螺旋式摆轮、外围式自动上链转子,以及有关摆轮轴心装置等;其中,对钟表行业发展产生过重大影响的专利就多达 20 项,确立了百达翡丽在制表界的先锋地位。这种无与伦比的创新之美,是很多品牌无法比拟的。

图 1.9 (左起)Nautilus 鹦鹉螺系列、Gondolo 系列、Calatrava 系列、Aquanaut 系列、Twenty～4 系列、Golden Ellipse 系列、复杂功能时计系列、超级复杂功能时计系列

除了技术上的工艺,美学上的工艺也堪称完美。从珐琅工艺、雕纹饰,到宝石镶嵌……每一步都是精益求精。从表壳、表盘到机芯的手工精饰,这些工序均由训练有素的专家以代代相传的手工技艺潜心完成。更重要的是,在钢表已经成为潮流的今天,百达翡丽依然以贵金属的金表与铂金表为主打产品,这份传统的坚守更增加了百达翡丽的价值,也奠定了它被称为财富传承信物的理念。

在工业革命期间创建的钟表品牌从江诗丹顿、宝玑、芝柏、积家到朗格,均先后被大财团并购,唯有百达翡丽始终不遗余力地坚守独立自主的经营模式。无论是在确保生产资源,还是在投资未来发展方面,百达翡丽都依靠自身实力来实现增长。生产采用垂直整合的模式,公司拥有专属的研发部门,所有机芯和外部元件均在自有的工坊内设计生产。机芯和表壳上的每个部件均是自主生产、装饰并组装,不论是简单功能表款,还是复杂功能表款,及至超级复杂功能表款也不例外。所有大型项目均由百达翡丽自筹经费,例如建造位于瑞士普朗莱乌特(Plan-les-Ouates)的制表工坊及配套设施,翻新日内瓦、巴黎和伦敦的百达翡丽沙龙,建立百达翡丽博物馆,以及收购位于汝拉地区(Jura)的工作室和附属公司。百达翡丽希望以独立自主的方式,迈向可持续的长期成功。

百达翡丽是公认的世界上最好同时也是最贵的钟表品牌,在拍卖市场常常能拔得头筹。截至 2019 年 10 月,在世界前 10 的表类拍卖纪录中,7 款是百达翡丽腕表或怀表,其余 3 款则由另一巨头劳力士包揽(见图 1.10)。

图 1.10　截至 2019 年 10 月世界前 10 表类拍卖纪录

（资料来源:各类拍卖行官方统计结果）

2019 年 11 月 9 日,一枚独一无二的 Grandmaster Chime 不锈钢双表盘腕表在日内瓦 Only Watch 慈善拍卖中以 3 100 万美元(约 2.17 亿元人民币)的天价成交,再次打破了腕表和钟表的双料拍卖纪录。

逾百年来,百达翡丽一直信奉精品哲学,遵守重质不重量、慢工出细活的生产原则,其主旨只有一个,即追求完美。它奉行限量生产,每年的产量只有 5 万只。在长达 180 年的历史中,百达翡丽出品的表数极为有限(仅 60 万只),不敌一款时尚表的年产量,并且只在世界顶级名店发售。

在战略层面上,百达翡丽始终坚持传统,不盲从潮流。百达翡丽推出的每一款新作,在色彩、尺寸、细节等方面都会有细微的调整,但都坚持拥有只属于百达翡丽的经典元素。这是每一代传承者的共同信念:致力于产品的最完美革新,并让经典永恒流传于百达翡丽。

蒂埃里·斯特恩(Thierry Stern)接任百达翡丽后,宣布了针对机械腕表的全新质量标准——百达翡丽印记(Patek Philippe seal)。这枚印记融合了百达翡丽制表工坊的精髓,远远超越了官方标准。与日内瓦印记(见图 1.11)不同,百达翡丽印记的品质标志不仅适用于机芯,而且可以延伸至整枚腕表,从表壳、表盘、指针、按钮到表带生耳等,甚至涉及成品腕表的美学、功能标准及售后服务,以满足当前和未来的要求,适合不断发展演变的钟表行业。

图 1.11　百达翡丽印记(左)和日内瓦印记(右)

　　对于百达翡丽来说,每一次的创新都是在传承经典之上的全新挑战。一个已经占据高位的品牌,要想在市场中给消费者更多新鲜的感觉,需要更多的精力和心血。在秉承传统的同时,百达翡丽凭借其在创新研发领域的杰出成就,不断推动制表技术突破界限,迈向新的高峰。

　　百达翡丽的尊贵不仅在于它的精确、独特、卓越与高贵,更在于它的耐用、恒久与延续。它的价值是"持久的价值",不能以单纯的金钱来衡量。这其中包含着超凡的美丽、传奇的工艺、卓越的可信度,以及对现在与未来的腕表主人的忠诚。百达翡丽之所以能如此自信,只因为它具有历久弥新的品质;而在这品质背后,凝聚的是几代百达翡丽人的心血以及对完美的执着与追求。

思考与探索

1. 百达翡丽的传承与创新具体体现在哪些方面?

2. 为什么百达翡丽从不请代言人,却能常常在拍卖市场拔得头筹?

3. 为什么百达翡丽成了表中王者,却没有被大财团并购?

第 2 章

高端腕表制造：设计、工艺及美学

今时今日，腕表不只是报时那么简单，没有哪一件奢侈品可以像高端腕表一样，使用率如此之高。一枚价值连城的腕表珍品，可代代相传，成为传世之宝。这些腕表更像艺术品，代表了一段精彩的历史和源远流长的文化。近几年，在艺术品收藏热的带动下，高端腕表更因其时尚、尊贵和巨大升值潜力等因素，为众人所瞩目。

2.1　腕表历史与文化

对于时间的定义，不同的人会给出不同的答案。

人们习惯于把时间与空间关联起来，创造了时空旅行的传说。空间是人们可以通过肉眼去度量、通过身体去感受的存在，而时间却是看不见摸不着，却又客观存在的。时间在人类的面前蒙上了神秘的面纱，让人类在几千年的历史长河中，不断地探寻着什么是时间，怎样才能掌控时间，时间如何开始，又将怎样逝去。最早人类对时间的认知和探索源于自然。狩猎者与农耕者需要掌握一种度量方法，以方便对猎物的作息和作物的生长规律进行记录。他们通过观察白昼与黑夜、日月与星辰、春夏与秋冬，最终感受到了时间的存在，从而发明了记录时间的方式。

2.1.1　时间的计量

时间包括两个方面的含义：时段与时刻。时段是测量两个瞬时时间的间隔，即时间经过的长短。时刻即为不断流逝的时间中的某一瞬间。

为了度量时间，人们以周期性、稳定性、可测性为基础，选用了地球公转、月球公转和地球自转的运动周期来计量时间，分别产生了"年""月""日"这三个基本单位。

地球围绕太阳公转，从地球上看，太阳慢慢在星空背景上移动，一年正好移动一圈，回到原位，太阳如此"走"过的路线就叫"黄道"。因为地球自转轴与公转平面不垂直，所以赤道平面与黄道平面不重合，两个平面有 $23°26'21''$ 的夹角角度。黄道和赤道面相交于春分点和秋分点。于是，人们把太阳的中心连续两次经过春分点的时间间隔，称为一个"回归年"的时间长度，等于 365 天 5 小时 48 分 46 秒。

太阳连续两次经过中午的时间间隔，称为"真太阳日"。将一个真太阳日等分为 24 份，每一份便为一个"真太阳时"。这个时间系统被称为真太阳时系统。真太阳时是观测太阳的视圆面中心得到的，因此真太阳时也被称为"视太阳时"。由于太阳的运动是不均匀的，真太阳日的长短并不固定，由此导致该系统的其他单位（时、分、秒）的长短也不固定，人们无法制作出与真太阳时同步的计时系统。

为了弥补真太阳时的不足，人们引入了"平太阳时"的概念。假设有一个点，它不是在黄道上移动，而是在赤道上移动，它在赤道上的运动是均匀的。这个点在赤道上运动一周所需的时间与真太阳在黄道上运动一周的时间相等。这个假设的点，被定义为"平太阳"。平太阳时和真太阳时除按预定的年首和年尾吻合外，其他时间都有一个差值，具体如表 2.1 所示。

表 2.1　平太阳日与真太阳日差值

日期	2 月 12 日左右	5 月 15 日左右	7 月 26 日左右	11 月 3 日左右
极值	−14.4 秒	＋3.8 秒	−6.3 秒	＋16.4 秒

"恒星日"是子午线两次对向同一恒星的时间间隔。恒星日是以遥远的恒星为参考系，是地球自转 360 度的周期，即地球自转周期。一个恒星日等于 23 小时 56 分 4 秒。

2.1.2　简单的计时仪器

人类感知到时间的存在之后，不断地探索着使用什么方式对时间进行度量。随着人类文明的发展，人们渐渐地学会了使用简单的工具来计量时间。

1）圭表

圭表是最古老的天文仪器之一，其原理是利用太阳照射到物体后形成影子的长短和方位来测定季节、划分四季和推算历法，如图 2.1 所示。

圭表由"圭"和"表"两部分组成。"圭"是一把平放在地面、南北指向的尺子，而"表"是一根直立在地上的标杆。白天通过观测表的影子是否完整贴合在圭尺上，可以测定出正午的时刻，并根据影子的长短推算出冬至和夏至，甚至二十四节气。而根据表的影子长短的周期性变化，如夏至日和冬至日间隔的天数，可以推算出一个回归年的天数。

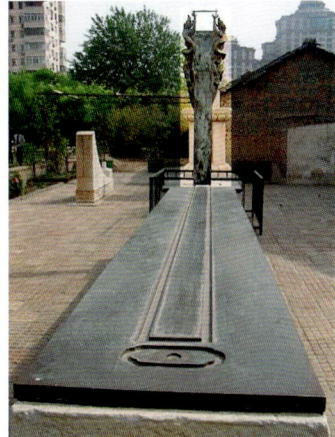

图 2.1　陈列在北京古观象台的圭表

2）日晷

日晷一词中，"日"表示的是"太阳"，"晷"则是"影子"的意思，两个字合并在一起就是"太阳的影子"的意思。这是一种通过在白天观测日影方位的变化来确定时间的一种计时仪器（见图 2.2）。

图 2.2　日晷

日晷通常由金属指针和圆形石盘组成。金属指针叫作"晷针"，垂直地穿过圆形石盘中心，其作用类似于圭表中的"表"。圆形石盘叫作"晷面"，视其大小的不同，选择放置在地面或石台上，呈南高北低之势，平行于天赤道面。这样，晷针的上端正好指向北天极，下端正好指向南天极。

晷面标有刻度，分子、丑、寅、卯、辰、巳、午、未、申、酉、戌、亥十二时辰，每个时辰又等分为"时初"与"时正"，对应着现代的一天 24 小时。绝大部分的日晷显示的都是太阳时，有些在设计上做了变更，可以显示标准时或日光节约时间。

然而，日晷的缺点显而易见，其体积大、质量大的特点，决定了其不方便携带与运输的缺陷，在阴天与夜晚则会因为没有阳光而使其无法对时间进行测量。

日晷作为一种计时仪器，在人类历史中存续了几千年。在 6 000 多年前，古巴比伦人就已经开始使用日晷，而中国则是在距今 3 000 多年前的周朝开始使用的。在 17 世纪的欧洲，机械钟的数量达到了前所未有的增长，但因为其高昂的造价和精细的工艺，最终沦为皇亲贵族的玩物，一般平民百姓依旧依靠日晷看天晓时。

直至 19 世纪末，伴随着怀表与腕表的普及，日晷才逐渐退出历史的舞台。今日，在欧洲小镇的古老城楼上，人们仍然可以见到昔日日晷的印迹。

3）火钟

火钟是指使用包括香烛、蜡烛、灯油等这类以燃烧一定量的物质来记录一段时间的计时工具的总称。

以香钟为例，使用特定模具可以制作出具有固定长度的盘香或线香，香体粗细均匀，燃烧消耗的时间与香的长度成正比。按照燃烧时间与香体长度的比例关系，在香体上对应的位置标记相应的刻度，用来记录时间，如图 2.3 所示。一般而言，一炷香的时间约为 30 分钟。如果在香体的某一刻度处悬挂重物，当香火燃烧至该刻度值时，重物的坠落会击打相应的金属器皿，发出清脆的响声，从而让香钟起到闹钟的作用。因香、蜡、灯油等燃烧物制造方便、价格低廉，这类火钟在古代的民间使用甚广。

图 2.3　一炷香

4）漏刻

图 2.4　漏刻

漏刻又名铜壶滴漏，与日晷一样，是古代民间应用最广泛的计时仪器之一（见图 2.4）。"漏"是指漏壶，是仪器的储水、泄水部分。"刻"是指水壶中的标有时辰的刻箭，是仪器中的受水部分。

聪明的古代人为了在室内或阴雨天的情况下计时，专门制造出一种留有小孔的漏壶。他们把水注入漏壶内，水便从壶孔中流出来，另外再用一个容器收集漏下来的水，在这个容器内有一根刻有标记的箭杆，相当于现代钟表上显示时刻的钟面，用一个竹片或木块托着箭杆浮在水面上，容器盖的中心开一个小孔，箭杆从盖孔中穿出。随着箭壶内收集的水逐渐增多，木块托着箭杆也慢慢地往上浮，古人从盖孔处看箭杆上的标记，就能知道具体的时刻。

漏刻是一种独立的计时系统，只借助水的运动来计时。后来古人发现漏壶内的水多时，流水较快，水少时流水就慢，影响计量时间的精度。于是，人们往往在漏壶上再加两只漏壶，变为三级漏壶，水从下面漏壶流走的同时，上层漏壶的水即源源不断地补充给下层漏壶，使下面漏壶内的水均匀地流人箭壶，从而取得比较精确的时刻。

2.1.3　机械计时仪器

随着科学技术的发展，人们开始逐步使用一些复杂的机械结构来记录、计量时间，逐步形成了现代的钟表。

1）机械钟

机械钟的发明制造起源于欧洲。世界上最古老的机械钟的制造完成于13世纪末至14世纪初，出现并使用于意大利及英国的修道院中，主要用于宗教活动，提醒人们在特定的时间进行某些宗教仪式或活动。这时的机械钟是一种通过钟声来报时的计时仪器，并没有指示时间的功能。

1335年前后，人们根据日晷的设计，为早期机械钟安装了钟面与指针，制造出能够指示时间的公共时钟。这种机械钟多为中立悬锤传动附有轴叶擒纵器的机械钟，每天的误差一般为20分钟左右。然而，公共时钟体积庞大，结构复杂、重量大，不能移动与运输，因此并不适合个人家庭使用。

15世纪中期，铁制发条的发明与应用使机械钟的能量储存机构的尺寸明显减小。新的动力代替了原本笨重且庞大的重锤，这也使得机械钟的体积明显减小，机械钟从此成为小巧精致的计时仪器，逐步步入个人家庭。

1583年，意大利科学家伽利略建立了著名的等时性理论，为钟摆发明奠定了理论基础。荷兰科学家惠更斯（Christiaan Huygens）运用等时性理论设计并制造了第一个摆钟。在惠更斯制造的摆钟里，单摆的摆动主要依靠重力驱动，大大提高了时钟的精确度。然而，摆钟里的摆杆是金属制品，它的热胀冷缩会影响摆的周期。经过实验，100米长的不锈钢金属杆，在温度变化5.6摄氏度时，其长度变化会使摆钟在一天的时间内慢3秒左右。后来，随着这些问题的逐步发现与解决，大约到17世纪，摆钟的计时误差被控制在每天大约几秒左右，开辟了精确计时的新时代。

2）怀表

1509年，德国纽伦堡的一位名叫彼得·亨莱尔（Peter Henlein）的锁匠制造出了世界上第一只可随身携带的表。这只表呈鼓形，类似于鸡蛋，因此人们称其为"纽伦堡蛋"，如图2.5所示。纽伦堡蛋的出现标志着怀表的诞生。然而，纽伦堡蛋的表盘上仅有一根指针，只能指示大致的时间，误差大约在每天几十分钟左右。

图 2.5　纽伦堡蛋

在 200 多年后的 1775 年，惠更斯向世人展示了他发明的摆轮游丝系统，形成了最初的以游丝作为调速装置的系统，为怀表的发展提供了充分的技术条件。

在 18 世纪，欧洲各国对计时仪器进行了大量的研究，政府出重金来激励钟表专家们开展研究工作。随着大量研究的进行，怀表的表盘上出现了分针。而到了 18 世纪末，伴随着各式各样的擒纵机构的出现，秒针的计时基准得以实现，并出现在表盘上，一直延续至今。

3）手表

手表起源于女士的手镯，起初只是作为首饰之用，而当时的男士仍热衷于佩戴怀表。由于战争的需要，飞行员把怀表加上了一条带子，戴在手上，以便飞行时能读取时间，于是出现了最早的男士手表。

对于最早出现的手表，坊间及各个钟表制造商都有自己不同的见解。

据法国历史书记载，1806 年，拿破仑为了讨皇后约瑟芬的欢心，命令工匠制造了一只可以像手镯那样戴在手腕上的小"钟"，成为世界上第一块手表。

在宝玑的故事中，1810 年，拿破仑的妹妹那不勒斯王后于 1810 年向阿伯拉罕-路易·宝玑先生定制了两款非常特别的时计，其中一款是"手镯式椭圆形问表"。阿伯拉罕耗费两年时间，献上了这款历史上有据可查的第一枚腕表。

根据吉尼斯纪录记载，世界上第一款真正意义上的腕表出现在 1868 年，是由百达翡丽打造的一款在黄金手镯上制作的精致腕表，并销售给了一位名为"Koscowicz"的匈牙利伯爵夫人。

卡地亚并不认可吉尼斯纪录和宝玑的说法，它把 1904 年的 Santos 系列定义为世界上第一枚腕表。1904 年，卡地亚创始人路易-弗朗索瓦·卡地亚（Louis-François Cartier）为其好友,巴西著名的飞行家阿尔贝托·桑托斯–杜蒙特(Alberto Santos-Dumont)制作了一款怀表。但阿尔贝托认为,飞行员在驾驶飞机时想要拿出怀表看时间是一个困难且危险的行为。于是,路易–弗朗索瓦灵机一动,用皮带将怀表绑在手上并扣住,以便让飞行员好友在飞行过程中不必费事就能看到时间。就这样,世界上第一只手表便诞生了。

自手表问世之后,以瑞士制表为首的机械表迅速发展并占领了消费市场。然而到了20世纪60年代,日本精工公司将价格低廉、走时精准的石英表推向市场,给机械表行业造成了毁灭性的打击。

20世纪80年代,瑞士钟表行业开始重新整合,以应对石英表带来的冲击与挑战,带领机械腕表走上复兴之路。

2.1.4　现代计时仪器

时间来到现代,越来越多更精密、更先进的计时方式与计时仪器走进了人们的生活。

1）原子钟与分子钟

1948—1949年,美国国家标准局成功研制出世界上第一台完整的"分子钟"。这台分子钟主要由一个石英晶体振荡器和一根充满氨气的波导管组成。这根充满氨气的波导管被放置在仪器的顶部,通过氨分子的吸收谱线来稳定石英振荡器的频率,分频后以50赫兹的频率驱动钟的运行。

随着技术的发展,原子钟的概念逐渐进入人们的视野,它以原子共振频率标准来计算及保持时间的准确。常见的原子钟有铷原子钟、铯原子钟、氢原子钟等,其外观如图2.6所示。

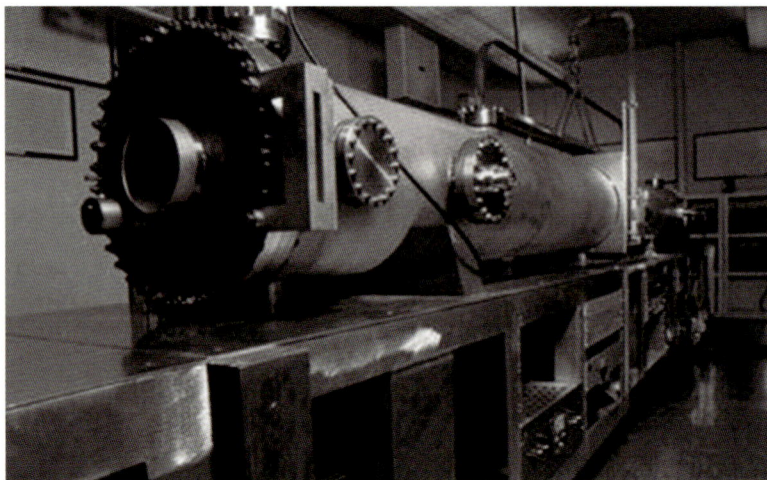

图2.6　早期的原子钟之一

以铷原子钟为例，该原子钟由铷量子部分和压控晶体振荡器组成。压控晶体振荡器的频率经过倍频和频率合成之后，送到量子系统与铷原子跃迁频率进行比较。误差信号送回压控晶体振荡器，对其频率进行调节，使其锁定在铷原子特有的能级跃迁所对应的频率上。铷原子频标短期稳定度最高可达到 10^{-12} 量级，准确度为 $\pm 5 \times 10^{-11}$ 秒/天。铷原子钟因其体积小、精度高等特点，被广泛应用于民用、军用、航空航天等众多领域。

2）电波钟

电波钟是以石英钟为基础，在其内部添加了无线电长波信号接收、数据处理、自动校正等功能结构模块，使其能够接收地面发射站以长波形式发送的标准时间信号（见图 2.7）。电波钟在接收到标准时间信号后，经数据处理器处理，即可自动校正石英钟的走时误差，使每只电波钟的走时都受到统一精确的时码控制，从而实现了所有电波钟能一致地、高精度地计量和显示时间。电波钟的出现开拓了时间计量的新里程，使寻常百姓也能简便自动地接收到精准的时间，对世界经济的发展产生了重大的影响。

图 2.7　卡西欧电波钟

2.2　机械腕表的工作原理

一般的仅有基础功能的机械腕表大约由 150 个零件组成，根据其各零件的功能，归纳为 6 个系统（见图 2.8）与 1 个类，分别为原动系统、传动系统、擒纵系统、调速系统、指针系统、上条拨针系统和外观零件类。

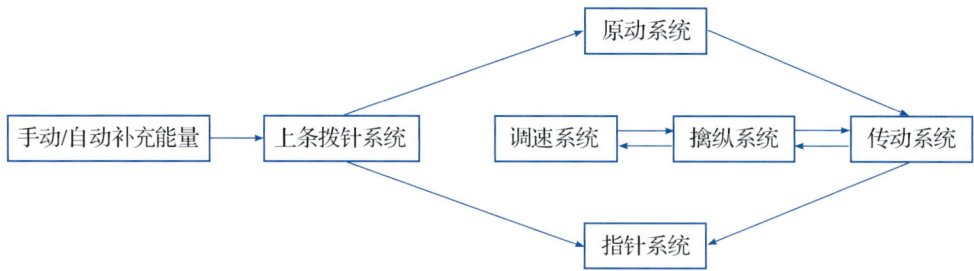

图 2.8 机械腕表中的 6 个系统

1）原动系统

手表的原动系统是手表的原动力，是手表的能源部分。条盒是这个系统中的重要组成部分，一般由条盒盖、条盒鼓、发条及条轴组成（见图 2.9）。当手动通过上条柄轴或通过自动机构带动条轴上足发条后，条轴停止转动，发条带动条盒鼓转动，从而使手表的其他各系统开始工作。

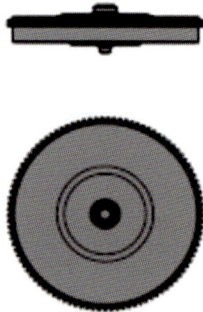

图 2.9 条盒

2）传动系统

传动系统在手表机芯里起着承上启下的作用。原动系统中发出的发条力矩通过传动系统传递给两个不同的方面：一个是擒纵系统，使机芯传动由转动变成擒纵系统的往复运动；另一个是指针系统，使主夹板表盘面的一些齿轮带动三根手表指针转动，向使用者指示时间。传动系统的齿轮形状如图 2.10 所示。

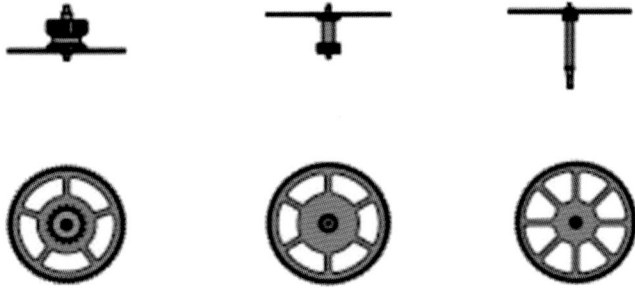

图 2.10　传动系统中的齿轮

3）擒纵系统

擒纵系统中的"擒"与"纵"分别表示"捉"与"放"的意思,指的是擒纵叉捉、放擒纵轮齿的动作,由擒纵轮的圆周运动变为擒纵叉的往复运动。擒纵轮与擒纵叉如图 2.11 所示。擒纵系统的工作原理在机械手表里最为复杂,其工作效率与能量损耗对手表走时精度与走时长度都有很大影响。

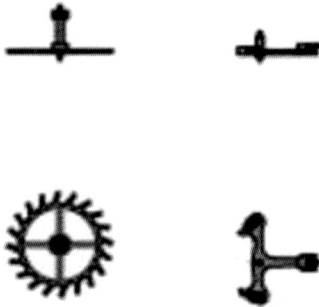

图 2.11　擒纵轮与擒纵叉

4）调速系统

调速系统是手表机芯的心脏部分,包括摆轮、游丝、快慢针等配件(见图 2.12)。调速系统中的调速是指用快慢针收、放游丝的长短来调节摆轮游丝组件往复运动的周期,从而影响手表机芯的走时快慢。

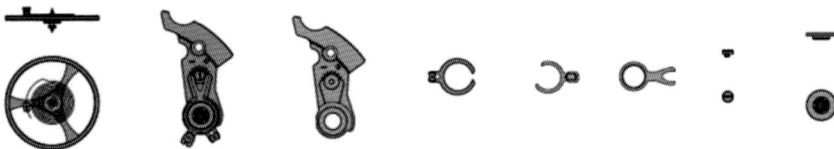

图 2.12　调速系统

5）指针系统

指针系统包括表盘下面的一些传动齿轮与表盘上面可见的几根手表指针（见图 2.13）。指针系统将其他系统的工作成果表达出来，便于使用者观察与记录时间。

图 2.13　指针系统

6）上条拨针系统

上条拨针系统用于上紧发条与拨动调节指针。该系统中零件数量较多且形状各异（见图 2.14）。

图 2.14　上条拨针系统中的零件

7）外观零件类

外观零件类的主要功能作用是为了保护机芯，将机芯与外界隔离，保证机芯的稳定运转。同时，该类零件也承担起了腕表中美学的作用。在实际使用中，顾客会将更多的注意力放在腕表外观的美学上，因此一般不会将外观零件归入机芯的六大系统中。

2.3　复杂机芯功能设计

全球市场流行的腕表机芯有两种：石英机芯与机械机芯。石英机芯多为日本制造，而中国市场上流行的机械机芯则是国产机芯、日本机芯以及瑞士机芯三分天下。

2.3.1　腕表机芯的分类

腕表机芯可细分为六类，分别为石英机芯、电波机芯、光动能机芯、手动机械机芯、自动机械机芯和人动电能机芯。

1）石英机芯

石英表（quartz watch）也被称为"石英振动式电子表"，其主要工作原理是利用机芯内部石英谐振器的"发振现象"，通过振动信号电流驱动齿轮与表针。石英的振动相当规律，即使是便宜的石英表，24 小时内的误差也不会超过 1 秒。

1969 年，日本制表商精工创造了石英机芯。这项新科技的发布对于从前采用机械机芯的传统腕表制造商是一个挑战。

石英拥有在接收到外部的加力电压时会产生形变及伸缩的性质。同时，在沿一定方向上受到外力的作用而变形时，石英内部会产生极化现象，其两端会产生正负电荷，形成电位差，电流就此产生。此种现象被称为"压电效应"，在其他很多结晶体上也可见到。石英机芯的计时原理便是基于此压电效应。

石英表内通常装有电池，为集成电路和石英谐振器提供动力，也有如精工采用人工动能、西铁城和卡西欧采用太阳能提供电力使石英产生振荡。当石英片上有了电压，便会以 32 768 赫兹的频率振动。集成电路控制着石英谐振器的振动，并起着分频器的作用，将 32 768 次振动对半分割 15 次，以达到每秒产生一次脉冲。由于因振动而产生的电流较弱，石英机芯上会有增加信号幅度的装置，信号电流便驱动转子齿轮，表上的秒针随之跳动。分针、时针的跳动符合机械结构的原理，如秒针跳动 60 下，分针便会相应地转过一格。石英表就是利用这样可以周期性持续"振荡"的石英，保证高精准度的报时。

搭载石英机芯的腕表通常较机械腕表价格更低，外观更纤薄，精准度更高。不同于机械机芯腕表由佩戴者运动或手动上链的机械能驱动，石英表无须上链，采用电能驱动，因此需要定期替换电池以保持工作状态。精工石英表基本使用精工原装石英表机芯，具有耗电量小、走时精准、质量好、维修成本低等特点，因此制作成本也较高。然而，高端腕表中也有生产并使用石英机芯的，如百达翡丽石英机芯腕表（AQUANAUT）系列（见图 2.15）。

图 2.15 百达翡丽石英机芯腕表 AQUANAUT 系列 5067A—023（左）及其机芯构造（右）

2）电波机芯

电波机芯的基本工作原理是通过机芯内置的微型无线电波接收系统接收低频无线电波时码信号，由专用集成芯片进行时码信号解调，再由控制机构自动调节钟表的走时。

电波机芯由振荡元件、显示元件、显示驱动元件、故障储存元件、无线电波接收元件和频率设置元件组成。显示驱动元件通过振荡元件产出的驱动波形频率作为驱动信号，为显示元件提供动力。故障储存元件将振动频率的错误数据储存起来。无线电波接收元件会调整至包含了时间信息的电波接收频率，并接收电波。频率设置元件根据错误数据设置驱动波形频率，以防钟表在接收无线电波时，驱动波形频率的高阶谐波与接收频率重叠。

通过这样一个技术过程，使得所有接收该标准时间信号的钟表（或其他计时装置）都与每个国家的授时中心（National Time Service Center，NTSC）的标准时间保持高度同步，进而全部电波钟表显示严格一致的时间。电波钟表技术系统本身与其他授时技术比较，可以更经济和方便地获取高精度的标准时间，并自动调准时间，没有累积误差，满足民用标准时间的需求。

1993 年，西铁城推出了世界第一款可接收多局电波的腕表（见图 2.16）。通过接收电波塔发出的标准时间电波信号，获取时刻和日历等数据，自动校正手表的时间和日期。标准时间电波采用高精度铯原子钟的理论，十万年误差一秒。此外，为了避免白天智能手机或是其他电子设备对无线电波的影响，西铁城电波表会在深夜时自动接收电波信号调整时间和日期。同样著名的电波机芯还包括卡西欧电波机芯 IG-SHOCK GPW-1000（见图 2.17）。

标准电波接收天线

GPS卫星信号接收天线

图 2.16　西铁城第一款多局电波表　　图 2.17　卡西欧电波机芯 IG-SHOCK GPW-1000

2014 年，卡西欧 G-SHOCK 推出世界首创搭载"GPS＋电波"接收技术的腕表 GPW-1000。GPW-1000 内置微小天线，可以接收来自中国、日本（2 局）、北美、德国和英国这 6 个发射站标准时间的电波信号，并根据位置信息自动解析时区，自动校对时间、星期、日历，获取所在地最准确的时间信息。

它采用了具备优秀发电能力的遮光分散性太阳能电池，实现了"防震＋抗离心力＋耐振动"的构造，为最大限度地发挥"GPS＋6 局电波"接收的特性，搭载对应极端环境下使用的强韧构造。除了从世界上所有的 6 个地面发射站接收地面无线电波，卡西欧的"GPS＋电波"混合接收手表可以从全球定位系统卫星获得定位和时间信息，并且一键即可获得当地的准确时间。

多地区电波接收系统需要大量电子元件，卡西欧独自研发的高集成度密装技术，将这些电子元件组装在有限的空间里；一部分电子元件通过数值计算来定位，其他元件通过精度计算将电波接收的干扰控制在最小。

3）光动能机芯

光动能是西铁城的核心技术。光动能手表吸收任何可见光源，包括自然光和人造光源，并转化成动能带动手表持续运转。

1976 年，西铁城发明了全球首款以光作为能源驱动的腕表，"光动能（Eco-Drive）"技术也就此诞生（见图 2.18）。任何可见光源，甚至是微弱的光源，都能为光动能手表所吸收，并转化为电能，供手表工作。光动能手表

图 2.18　西铁城 AU1040-08E 男士光动能腕表

具备的节电功能,能够保证手表在充足电的状态下(根据机芯型号不同)在黑暗中保持运行 6 个月至 10 年不等。遇光后,手表时间显示即可自动调整至当前正常时间。

光动能手表不但易于使用,而且功能齐备,由简单三针显示至万年历到三问表等,现在更研发出电波手表,满足不同人士的需要。

光动能手表使用的充电电池里没有使用水银、镉等有害金属,并且在产品的制作过程中也没有使用氟利昂等其他有害物质,通过了各项严格的认定标准。由于无须定期更换电池,有利于推动环境保护和生态的可持续发展,西铁城的光动能技术在全世界范围内获得了广泛好评。1996 年,光动能腕表成为通过日本环境协会(JEA)"生态标志"认证的首款腕表。2014 年,西铁城成为荣获日本环境协会"生态标志奖"金奖的首家钟表企业。

4)手动机械机芯

手动机械机芯,也称作手动上链机芯,或手动上弦机芯,顾名思义,就是必须借人手由机械结构外部定期对机械表进行上链动作,为机芯补充动能。帮助转动发条上紧的结构常见的有如下两种:

(1)表冠。直接转动从机芯延伸出来的表冠为机芯上链是目前机械表最普及的手动上链方式(见图 2.19)。

图 2.19　百达翡丽超级复杂功能时计 5372P 手动上弦表冠(左)、机芯 CHR 27 525 PS Q(右)

(2)上链工具。早期表冠还未发明时,佩戴者多用上链钥匙帮助表款上链,部分现代表款也因为发条盒储能容量的需求,仍需借由上链工具帮助加快为机芯上链的速度。如拥有 31 天动能的朗格 31 与宇舶 50 天动能的 MP-05 LaFerrari 等表款(见图 2.20)。

图 2.20　朗格 31 上链工具（左）和宇舶 MP-05 LaFerrari 表上链工具（右）

5）自动机械机芯

自动机械机芯也称为自动上链机芯，通常拥有一个半圆形、能够转动的摆陀。自动上链机械表借助穿戴腕表的手臂摆动，带动摆陀转动，借助齿轮和杠杆为腕表上链。因此，自动机械腕表较手动机械腕表更方便，但长期静置不戴后，依旧需要手动上链来保持腕表继续工作。

江诗丹顿 Cal.5100 机芯是一款超薄自动上链机芯（见图 2.21），零件都要接受打磨，让彼此的磨合更加顺畅，出色的品质使其获得了"日内瓦印记"。

图 2.21　江诗丹顿 Cal.5100 AS 自动上链机芯

6）人动电能机芯

人动电能是日本精工最早创建的技术，它将手表发展到一个新的领域。人动电能在精工里作为一种新的机芯叫作 Kinetic。Kinetic 一词来源于希腊语 *Kinesis*，意思为"运动"。

Kinetic 不同于标准石英机芯，它是精工公司特有的一类机芯名称，它是能自身产生电力的。它采用佩戴者手臂的简单运动来产生并储存电能，从而使表运转（见图 2.22）。而标准石英表不能自身产生电力。

图 2.22　日本精工人动电能机芯

Kinetic 表和标准石英表一样，具有极高的精确性。与标准石英表相比，Kinetic 表的优点是 Kinetic 代表了手表可利用的最新科技、最先进的能量产生与存储技术。与标准石英技术相比，它具有以下优点：Kinetic 技术的一个主要优点是环保。Kinetic 表用清洁自然的能源（佩戴者手臂的运动）发电。因此，它摒弃了石英表因更换电池带来的污染。

2.3.2　复杂机芯功能特点

计时是手表最主要的功能。正式场合所用的手表，不管是指针式、跳字式还是报时式，都应具有这一功能，并且精确到时、分，能精确到秒更好。更好一点的手表有些附加的功能，如温度、湿度、风速、方向、血压、心率、步速等。而高端腕表则拥有能量储存指示、月相、两地时、年历、万年历等更独特、更强大的功能。

1）能量储存指示

腕表的能量储存指示功能，又称动能显示，主要用于机械腕表中，可谓一种最人性化的附加功能。该功能如同汽车的油量显示功能一样，能够随时提醒使用者其腕表储存的能量处于什么状态，是否需要通过上弦等方式补充能量。如图 2.23 所示，宝玑经典系列腕表 No.5277 便带有 96 小时能量储存指示。

图 2.23　带有能量储存指示的宝玑腕表

2）月相

月相通常是指月球与地球因为公转、自转等相对方位发生变化而形成的在地球上观测到的月亮阴晴圆缺等渐变的视觉感受。对于经常使用农历地区的人们及航海相关从业人员来说，月相的位移变化是十分重要的生活信息。因此，不论在中国东汉时期的水运浑象仪（即水运仪象台）上，还是 14 世纪的欧洲机械计时装置上，都可发现人们努力捕捉月相变化的巧思。18 世纪，宝玑怀表率先设置了月相显示功能，此后，月相功能便一路发展至腕表时代。

百达翡丽 Ref.5015 在月相显示周围加上月龄刻度与指针，让佩戴者能清楚地判断并读出正确的农历日期，月相窗口设于 7 点方向。宝玑腕表将伞形月相窗口设于 1～2 点方向，此外其圆形月亮零件上更可见刻画出拟人的生动表情。万国的当头月设计采用上层盘面转动遮蔽下层圆形月亮零件的方式，同步显示出南北半球的月相，窗口设于 12 点方向。雅克德罗的全日历逆跳月相腕表特色，即在指针跳返瞬间赋予月相更具动态美感的视觉效果。波尔表（Ball）别开生面地将月相窗口置于面盘内圈，中置月相颠覆了月相偏置的设计观念（见图 2.24）。

3）两地时

两地时功能可以显示除了本地以外的第二地区的时间。由于不同的地区间会有时差，两地时功能便能突破这项障碍，完美呈现第二地区的标准时间。实现两地时功能的最简单的方法，便是把两个机芯装配在同一枚表壳内。对于高档腕表而言，通常采用复杂的模块，通过指针指示或窗口显示的方式来显示第二地区的时间。

（a）百达翡丽的 7 点方向月相　　　（b）宝玑的 1～2 点方向月相

（c）万国的 12 点方向全方位月相　　（d）雅克德罗的逆跳指针月相　　　（e）波尔的中置月相

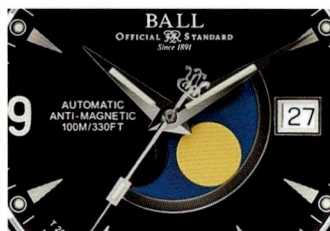

图 2.24　各种高端腕表的不同月相

　　首枚两地时腕表约诞生于 1935 年，由瑞士天才制表匠路易·柯蒂耶（Louis Cottier）同百达翡丽品牌合作，于 1937 年推出的百达翡丽世界时腕表 Ref. 515。它采用异型长方表壳，配以独特的指针与表盘，产量极少（见图 2.25）。

图 2.25　百达翡丽两地时腕表 Ref. 515

　　此外，泛美航空也与劳力士合作，推出了专为飞行员打造的、可显示两地时间并方便读取的蚝式 GMT-Master 腕表 Ref. 6542（见图 2.26）。

图 2.26　劳力士 GMT-Master 两地时腕表 Ref. 6542

4）年历与万年历

大多数带有日历功能的手表都是普通日历手表，每当遇到 2 月、4 月、6 月、9 月、11 月等小月时，则需佩戴者手工拨动一日或多日，否则手表日历则会显示 2 月 30 日或 9 月 31 日等根本不存在的日期。

年历功能腕表的出现基本解决了每月有 30 日还是 31 日的问题。年历腕表可以识别出 4 月、6 月、9 月及 11 月的每月 30 天，但是无法识别 2 月。因此，年历腕表的 2 月仍默认为 30 日，佩戴者需在每年 3 月 1 日调整日历，如欧米茄碟飞系列年历腕表（见图 2.27）。

图 2.27　欧米茄碟飞系列年历腕表

万年历腕表则是在年历腕表的基础上，对平年与闰年的 2 月进行了识别，平年的 2 月为 28 日，闰年的 2 月为 29 日，之后变为 3 月 1 日。然而根据平闰年的规律，大多数万年历腕表无法识别整百年份（如 2100 年并非闰年）2 月中的天数。通常每 100 年，万年历腕表需要返回制造工厂对其万年历结构进行调试与保养。同时，虽然万年历腕表较年历腕表只是多了对一个月份日期的识别，但其机械结构的复杂程度却提升了很多。经典的腕表系列如卡地亚万年历腕表如图 2.28 所示。

图 2.28　卡地亚万年历腕表

5）计时、测距与测速

带有计时功能的腕表通常称为计时码表,由法国人尼克拉·莱斯(Nicholes Rieussec)于 1821 年发明,用于马术比赛的计时。由此,计时码表与体育比赛结下了不解之缘。简单来说,计时码表就是一枚具有启动、停止及归零功能的腕表,除了通常的计时功能以外,也可用来测量时速、距离与脉搏等,如图 2.29 所示为劳力士计时码表。后来,随着科技的发展与人们对其功能的需要,计时码表也延伸出单指针计数、双指针计数、快速飞返归零等功能。

图 2.29　劳力士计时码表

2.4　高端腕表工艺及美学

高端腕表艺术既有技艺的高下之分,也有美学的工艺较量,所以手工装饰一直都是高级制表中不可或缺的一部分。利用匠人之手在方寸表盘之间勾勒出精妙画作,多姿的表盘世界不仅是视觉上的饕餮盛宴,同时那些古老的手工技艺也得以被传承。在无数钟表佳作中,机芯修饰、指针、表盘、表壳、表扣和表带等充满创造力的作品总是令人过目难忘。许多高端腕表品牌推出了有别于日常佩戴的设计表款,平衡了设计美感中重要的两个方向(复杂性与有序性),融合着独特而非凡的传承工艺,给人惊艳华美之感。

2.4.1　机芯修饰

机芯修饰是钟表装饰美学最基础的一部分,即便是基础的三针腕表的机芯也离不开美丽的修饰。不同的腕表价格与等级通常搭配不同的机芯修饰，有的表款选用机器压花或雕刻，有的表款使用古老的手动车床雕花，而最精致昂贵的当属纯手工雕刻。

1）珍珠纹

珍珠纹又称鱼鳞纹，是一组具有规律花纹的圆点图案，图 2.30 展示的是珍珠纹的制作。

图 2.30　珍珠纹的制作

2）日内瓦纹

日内瓦纹是最常见的手表装饰纹路之一，采用同心圆形或平行波纹的装饰手法，简单却相当典雅。因为这种纹路如同波光粼粼的日内瓦湖湖面一样，于是将此种手表装饰纹路命名为"日内瓦纹"，如图 2.31 所示为萧邦（Chopard）腕表机芯的日内瓦纹。

图 2.31　萧邦腕表机芯的日内瓦纹

3）缎纹拉丝

缎纹拉丝是一组由平行直线组成的亚光表面,其纹路因有着绸缎般的质感而得名(见图 2.32)。

图 2.32　缎纹拉丝

4）倒角与抛光

为了增加机芯修饰的质感,机芯内很多零部件均使用了倒角处理。而对于高端腕表来说,这些倒角通常是由专业的雕刻师手工完成的,同时,为了更好地体现出美学意义,这些倒角通常都是镜面抛光的(见图 2.33)。镜面抛光的倒角通常要求在 40 倍放大镜下观察,没有明显划伤或瑕疵,这对雕刻师的技能要求非常高。

图 2.33　机芯的倒角与抛光

5）夹板雕花

当一些有能力的品牌厌倦了在夹板上进行千篇一律的修饰时，它们运用了金属精雕工艺。金属雕刻师将带有品牌血统的图案摆在夹板上进行雕刻，从而使其欣赏性向功能性看齐。同样，大师们巧夺天工的技艺也延续到其他的夹板上面，只要是重要部位绝对不会马虎。图 2.34 展示的是朗格的夹板雕花。

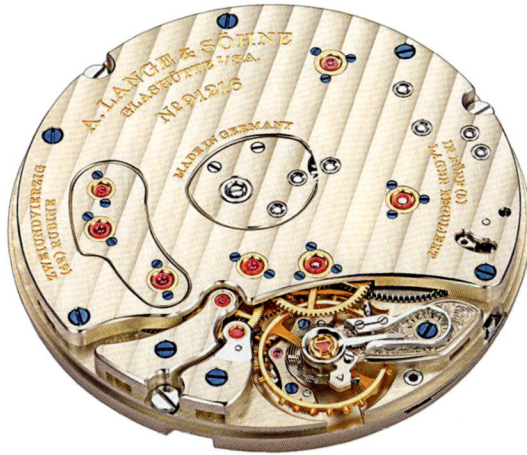

图 2.34 朗格的夹板雕花

6）黄金套筒

在红宝石轴承问世之前，齿轮都是直接置入黄铜夹板的配合孔中。后来，制表大师们发现红宝石轴承可以大大降低齿轮轴处的摩擦，减少机芯零件的磨损，提高走时精度。由于天然红宝石尺寸各异，起初，腕表机芯中采用的是天然红宝石，但为了更好地使其与齿轮轴、夹板配合，制表大师们随后在红宝石轴承外设计了炫丽的黄金套筒（gold chaton）（见图 2.35）。后来，随着高品质人工合成红宝石的普及，黄金套筒的结构作用逐步减弱，变成了高端腕表的装饰元素。

2.4.2 指针

现有高端腕表的指针主要包括铅笔式指针、棒形指针、柳叶形指针、太妃指针、刀形指针、剑形指针、梨形指针、路易指针、蛇形指针和宝玑指针等（见图 2.36～图 2.45）。

图 2.35　朗格 Tourbograph 的黄金套筒

图 2.36　欧米茄铅笔式指针

图 2.37　伯爵棒形指针

图 2.38　宝珀柳叶形指针

图 2.39　百达翡丽太妃指针

图 2.40　朗格刀形指针

图 2.41　卡地亚剑形指针

图 2.42　格拉苏蒂原创梨形指针

图 2.43　百达翡丽路易指针

图 2.44　雅克德罗蛇形指针

图 2.45　宝玑指针

2.4.3　表盘

现有高端腕表的表盘主要包括普通金属表盘、镂空钛金属表盘、贵金属表盘、贝母表盘、贝壳浮雕表盘、陨石表盘、砂金石表盘、赤铜工艺表盘、羽毛钻石表盘和花卉镶嵌表盘等（见图 2.46～图 2.55）。

图 2.46　浪琴普通金属表盘

图 2.47　沛纳海镂空钛金属表盘

图 2.48　宝玑贵金属表盘

图 2.49　欧米茄贝母表盘

图 2.50　宝玑贝壳浮雕表盘

图 2.51　伯爵陨石表盘

图 2.52 雅克德罗砂金石表盘

图 2.53 宝珀赤铜工艺表盘

图 2.54 迪奥羽毛钻石表盘

图 2.55 卡地亚花卉镶嵌表盘

2.4.4 表壳

现有高端腕表的表壳工艺包括手工雕刻、雪花镶嵌和添加天然矿石。

1）手工雕刻

金属表面采用纯手工雕刻是钟表业的传统工艺。一位合格的雕刻师往往需要磨炼 10 年的功力。首先，雕刻师需要掌握浮雕与凹雕两种基本刀法，并能娴熟表现雕花、镂刻及金雕等雕刻形式；其次，他要谙熟雕刻的设计及创意，刀虽坚毅，但切入金属、刻出图案的手艺又流露着浓郁的艺术感。雕刻师还须心如止水，刀在手中，每一个细微的动作都要掌控好力度，每一刀都不出错。雕刻是一门"做减法"的艺术，失手的代价极其昂贵。更重要的是，无论哪一种雕刻形式，雕刻完成后都需要打磨，工序可长可短，有些特殊雕刻的打磨难度甚至不亚于雕刻本身。如图 2.56 所示的是手工雕刻技术和江诗丹顿经典的金雕表壳。

图 2.56　手工雕刻技术（左）和江诗丹顿经典的金雕表壳（右）

2）雪花镶嵌

　　钻石镶嵌很见功底，它的复杂程度远远高于珠宝制作。除了需要高超的手工艺，图形创作在制作中也花费了制表师很多精力。钻石镶嵌的最高境界就是雪花镶嵌法，它将直径 0.5～1.6 毫米不等的 VVS1 级净度的钻石，先以切割处理，再将其均匀地铺于表壳上，如白雪覆盖般自然，触摸感非常柔顺且平滑。雪花镶嵌法与其他镶钻法的区别在于镶嵌师必须运用高度审美观与卓越的镶嵌技艺，并且细心挑选不同大小的钻石，潇洒、任意地镶嵌在表壳上，以流畅、自然的排列方式呈现，因此每只表上钻石大小与数量均不相同。图 2.57 所示即为积家 Neva 雪花镶嵌腕表。

图 2.57　积家 Neva 雪花镶嵌腕表

3）添加天然矿石

把天然矿石加入表壳的制作中也是制表业的一项创举,需要非常精湛的手工艺方可完成(见图 2.58)。矿石是地球上的不可再生资源,珍贵程度不言而喻。除了出色的矿石难寻外,加工技术是更大的难题。若工艺不过关,很可能让珍稀的矿石报废。因此,目前只有顶级腕表品牌才有精力和实力制作此类表款,即便是有实力,出产的款式也极少。

图 2.58　添加天然矿石手工艺

2.4.5　表扣

表扣是表的延续,常规的形式分为三种:传统针孔式、两折式和三折式。

传统针孔式表扣能使表带与手腕更加伏贴,但日复一日地戴表、摘表,会对表带造成很大的伤害,尤其是针孔穿过的地方,可能导致皮带的裂痕,时间久了,表带就会开裂。

为了弥补传统针孔式表带的不足,两折式与三折式表带相继诞生。它们最大的进步就是将针孔仅仅作为固定表带的一部分,利用针孔将表带固定,而另一端则是金属折叠扣,每天摘脱手表的动作只是折叠扣在发挥作用,不会伤及表带及孔洞的周围。

2.4.6　表带

从材质上看,表带大体分为以下七种:皮表带、金属表带、陶瓷表带、橡胶表带、织物表带、绢质表带和尼龙表带,其中以前两种最为常见。

1）皮表带

常见的皮表带有牛皮表带、鳄鱼皮表带和鸵鸟皮表带(见图 2.59)。

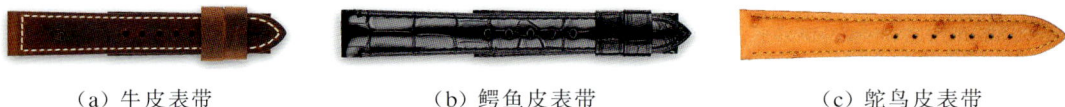

（a）牛皮表带　　　　　　　　（b）鳄鱼皮表带　　　　　　　　（c）鸵鸟皮表带

图 2.59　皮表带

（1）牛皮表带。在腕表行业中，小牛皮是珍贵且用途广泛的材质之一。皮革具有天然的表面结构，并由专业手工匠人采用传统工艺，手工对其进行精制和修饰，进一步提升其品质。

这些材质个性独特，每一件作品都有自己独有的色调和表面特性，因此，每一条表带都是别具一格、深受顾客喜爱和追捧的独特作品。

在制作过程中，皮革会采用三种不同方法进行处理：鞣制、染色和修饰。这些工艺的目的在于令皮革具备抵御外部影响因素的能力，并赋予皮革优美的外观。皮革表带通常配备"无缝半包边"衬垫，它位于表带内侧，可营造出立体造型。

（2）鳄鱼皮表带。鳄鱼皮是珍贵的皮革类型之一，是奢侈品行业颇受追捧的材质。鳄鱼皮表带兼具优异品质、简约美感和严苛的技术标准。这种专门挑选的皮革来自鳄鱼身上鳞片较光滑、形状较匀称的部分。其规则而不失个性的尺寸与形状赋予了表带独特的外观。

经过传统手工加工，表带呈现光滑、柔软的哑光表面，通过一个繁复的磨皮程序后也令表带产生自然的双色调效果。随着时间的流逝，鳄鱼皮表带会形成优美的光泽，而皮革本身也会变得更加柔软光滑。

（3）鸵鸟皮表带。鸵鸟皮是世界上名贵的优质皮革之一，具有柔软、轻盈、拉力大、透气性好、耐磨等特点。鸵鸟皮其毛孔突起形成的天然花纹，具有特殊的天然羽毛孔圆点图案，有良好的透气性，也可能是世界上最舒适的皮革。

2）金属表带

金属表带分很多种，常见的有钢制表带和金制表带。金属表带虽然害怕氧化，也容易因为使用过程护理不当而产生划痕，但相对于皮质、橡胶和尼龙表带来说，它的使用年限会更长一些，并且在简单处理之后，就可以恢复如新（见图 2.60）。

图 2.60　金属表带

3）陶瓷表带

陶瓷表带和中国传统的陶瓷制品一样，具有稳定的物理和化学性质，防水、防高温、防褪色、抗腐蚀，且表面温润无瑕，能够散发柔美的自然光泽（见图 2.61）。与不锈钢材料的手表相比，陶瓷手表的重量减轻了大约 60%，其硬度约为不锈钢材料的 10 倍。

图 2.61　陶瓷表带

4）橡胶表带

天然橡胶可确保优异的品质和长久的耐用性。它们具有宝贵的技术特性，例如防水性、形状稳定性、亲肤性以及持久的佩戴舒适性，是理想的体育活动表带材质（见图 2.62）。

图 2.62　橡胶表带

5）织物表带

帆布是一种复合材质，具有典型的亚麻布外观。这种材质典型的亚麻布结构是由经纬纱线制成，加上其特有的米黄色调，令此材质具有充满动感的经典触感（见图 2.63）。

图 2.63　织物表带

6）绢质表带

绢质表带是女性专属的表带材质，它柔软高贵，能衬托出女性柔美动人的优雅气质。小表盘的腕表本身自带的纤细美感,被精致的绢质表带加以放大。柔软而富有韧性的材质在透气性和舒适度方面都符合女性对于腕表的需求,还可更加自然地贴合手腕弧度,是时尚优雅的女性出席各种场合必不可少的配饰之一(见图 2.64)。

图 2.64 绢质表带

7)尼龙表带

尼龙的优点就是简单实用、廉价易产,并且这种材质的佩戴感很好,透气舒适。设计上也有很多图案花纹,消费者选择的空间也很大(见图 2.65)。尼龙表带的不足在于,不适合在正式的场合佩戴,材质容易抽丝、起毛。除此之外,很多人还认为尼龙表带同橡胶皮带一样,不如金属表带和皮质表带高端,显得比较廉价。

图 2.65 尼龙表带

2.4.7 高端腕表中的美学

美学始终贯穿于钟表的设计。自第一块钟表问世以来,这些时计仍旧基本保持着最初的模样:圆形表盘,靠近圆周一圈刻度,指针从圆心为起点向外放射。可见其中的美感是有传承性的,是能够经得起时间的磨砺的。

自 1859 年起就俯瞰伦敦城、兢兢业业地报时的大本钟,巨大而华丽,是伦敦市的标志以及英国的象征。尽管大本钟曾两度裂开而重铸,它如今依旧保持着最初那样清晰而稳重的动听钟声。

大本钟钟楼高 95 米,钟盘直径约 7 米,重 13.5 吨,4 个钟面的面积有 2 000 平方米左右,每个面都镶嵌着 312 块乳白色玻璃,透过玻璃,隐约可见分针和时针,其中蕴涵着简约又华丽的美感,巴洛克风格的钟楼又与周边的建筑产生了统一性的美感。百年如一日,大本钟始终保持着高准确度，为伦敦人民报时。在超过一个半世纪的时间里，大本钟不准时或停止工作的次数屈指可数，其生命力在此得以体现。

现代的高端腕表中所蕴含的美学成就了其外观的精致，与内部的机芯之精湛工艺相匹配。美学包含的十二大元素都能从高端腕表中得以体现：对称、非对称、自然、简洁、统一、转化、环境、生命力、惊喜、图案、选择、自发性。

1）对称（symmetry）

圆是中心对称图形，拥有无数条对称轴，可以说是平面内最为对称的图形。古埃及人认为圆是神赐给人的神圣图形，古希腊毕达哥拉斯派也曾提出："一切立体图形中最美的是球形，一切平面图形中最美的是圆形。"

怀表作为腕表的雏形，是作为私人的贴身物品而设计制作的。当时并没有可以对金属棱角进行打磨的技术，所以，如果怀表设计成有棱角的款式的话，佩戴起来会有些不舒服，且圆形最容易携带。同时，表盘上的指针绕轴旋转做圆周运动，这也就决定了表盘的形状。因此，自腕表问世以来，表盘便普遍采用圆形，这代表着人们对于自然而浑圆的对称之美的认同与追求。

当人们在看圆形物体的时候，更易将视觉的重心聚焦到手表的表盘中央，从而达到能够快速读取时间的目的。尽管如今也有像里查德米尔等极力推动酒桶形腕表的品牌，但其表盘依旧普遍保持轴对称形状，并且也只是占据了市场的一小部分，并未成为市场主流（见图 2.66）。

图 2.66　圆形对称的宝珀经典系列腕表（左）和酒桶形对称的里查德米尔 RM 53-01 腕表

2）非对称（asymmetry）

腕表界一直在寻求创新，各种各样的腕表屡见不鲜。非对称腕表成为腕表界独树一帜的典型。偏心腕表总能腾出更大的空间来做表盘的装饰,如镶钻、绘画或多余部分做镂空处理,增强美观。偏心腕表大约有两类:一类是表盘对表壳偏心,如朗格、雅克德罗;另一类是表针不居中,偏向表盘的边缘,如爱彼、卡地亚(见图 2.67)。有别于对称腕表的规矩,非对称设计的腕表总是能够给人强大的视觉冲击力,多了一些灵动与俏皮。

图 2.67 (从左向右依次为)表盘对表壳偏心的朗格、雅克德罗,表针不居中的爱彼和卡地亚

3)自然(nature)

自然之美是最原始的,没有多余的人为因素,是不加修饰、最纯粹的美。一切人为之美皆源于造化。因此,即使在腕表取代怀表后,怀表依然能为珍稀时计鉴赏家们带来欣喜,因为最初的总是代表着人类迈出的第一步,是值得纪念的,是值得珍惜的,也是值得回顾的。作为高级制表技艺的守护者,百达翡丽延续了生产少量怀表的传统(见图 2.68)。

图 2.68 百达翡丽 972/1J 怀表

它们的艺术美感永远涌动着迷人魅力。这些配备手动上弦机芯的时计在生产过程中,无论是工艺,还是走时精度,均遵循百达翡丽印记的严格要求。拥有复古情怀的怀表在现代依旧展现着时代魅力和永恒动力,以朴实无华的外表衬托自然的美感。

4) 简洁(simplicity)

极简主义在这纷繁的时代成为各类奢侈品争先选择的道路,从各大品牌的标识改革普遍简化就可看出这一点。简单明了、不加多余修饰的简约风格在这信息爆炸的时代获得了当代人的芳心。简明扼要,一眼就能看到重点,才能与现代生活的快节奏相契合。

爱彼的 Jules Audemars 系列的自动上链超薄腕表采用简约的 18K 白金表壳、银白色表盘和黑色表带。银色表盘搭配玫瑰金立体时标和指针,没有任何多余的装饰,极简的表盘配上手工缝制方形大鳞片黑色鳄鱼皮表带搭配 18K 白金扣针带扣,将"时间"这一纯粹概念推向极致,体现了简约之美带来的现代感与高级感(见图 2.69)。

图 2.69　爱彼 Jules Audemars 系列超薄腕表

5) 统一(unity)

统一使万物自然有序,体现出齐整之美。美可以是色彩的统一,也可以是人文与自然的统一。在宝珀艺术大师系列 8 Jours Manuelle 腕表中,用工匠精神刻画自然之美,动感的浪花被封锁于表盘之中,将澎湃汹涌的浪花用"时间"封存,似乎是在表达对于时间的不断流逝的不甘,无奈只能将同样在无时无刻不在流动的时间的化身——水,打造成与整块腕表的整体色调及质感高度统一的灰黑色浮雕(见图 2.70)。此种能够引起情感共鸣的艺术将人与自然联系起来,时刻提醒着人们浪花可永存,而时间在流逝。

图 2.70　宝珀艺术大师系列 8 Jours Manuelle 腕表

6）转化（transformation）

远古的人类善于将现实世界的真实事物转化成洞穴符号，并认为由此可将洞穴外的野兽封存在洞穴壁中。原始人类渴望征服自然的心愿被转化成了这种类似仪式的艺术表达，同时也为后人留下了独特的人文之美。

美学中的转化也在当代的腕表中得到了同样的运用。HYT H1 Iceberg 系列就以其大胆创作、极具前瞻性的液态显示腕表技术，充分体现美学中的转化要素（见图 2.71）。逆跳蓝色液体小时显示将传统的机械时针转化为蓝色液柱，以水代针，此种用水表示时间的独特设计是前所未有的。

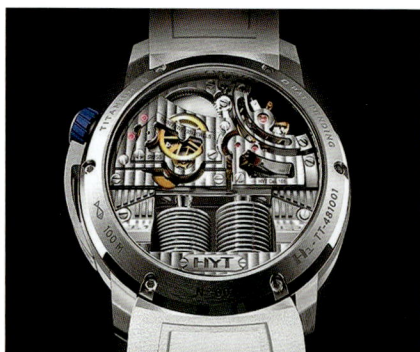

图 2.71　HYT H1 Iceberg 系列

HYT 的液态机械制表师以超凡的制表技艺，打造了一枚糅合液体与机械的腕表，彻底颠覆了传统腕表的表盘和表针设计，HYT 的腕表乌托邦从此活现于世。以液柱来显示时间不仅是对传统理念的挑战，也是对制表技术的挑战。将水的能量运用于便携式腕表中，也再次强调了水流与时间紧密的联系和诸多共通点：无形、从不停息、永远前行、流逝后即不可复返。不同于宝珀的艺术大师系列将浪花封存于表盘之上，HYT 以超现实的液态显示制表工艺引人深思：流逝的究竟是水还是时间？借助时间与水流的转化，抽象与具象的转变，HYT 诉说着其独特的美学见解。

7）环境（surroundings）

环境在很大程度上影响着一件艺术品最终呈现的价值。现代的美术馆大多以纯白色墙面为背景，展出较少数量的展品，凸显每件艺术品作为个体的美学以及在整个环境衬托中所体现的独特与价值。好的环境能够为艺术品增值。

宝玑 l'Orangerie 18K 黄金腕表就运用了美学中的环境要素。雪花镶嵌表盘上铺镶的 141 颗钻石总重 0.52 克拉。表盘外缘镶嵌 48 颗钻石，手镯部分镶嵌 152 颗钻石、142 颗石榴石、146 颗红宝石、14 颗尖晶石、58 颗黄色蓝宝石、71 颗粉色璧玺和 25 颗黄色绿柱石（见图 2.72）。

图 2.72　宝玑 l'Orangerie 18K 黄金腕表

珠宝在整块腕表中占据了主导地位，形成的繁华艳丽的环境将表盘包裹在内，使整只腕表华丽尊贵的极繁风格得到了升华。这款珠宝腕表仿佛是色彩绚丽的交响乐，巧妙地映射出凡尔赛宫橘红色的花园。低头查看时间时，瞬间就会被周围珠宝营造的奢华环境所包围，仿佛身处凡尔赛宫的皇家宴会中。

8）生命力（animation）

生命力是现代艺术的关键。活着就代表着拥有生命力，时刻都在运动，生生不息。因此生命力是人文美学中的一大要素，它体现着美学中富有生机、动态的一面。江诗丹顿 Les

Cabinotiers 阁楼工匠系列浑天仪式陀飞轮"金蛇灵舞"腕表拥有六项专利技术,立体刻绘爬行动物,为冰冷的腕表注入了生机与活力(见图 2.73)。

图 2.73　江诗丹顿 Les Cabinotiers 阁楼工匠系列浑天仪式陀飞轮"金蛇灵舞"腕表

表环的游蛇雕刻图案,惟妙惟肖,富有生命力,跃然于腕表之上,充分彰显了手工雕刻大师的耐心及对这项精细工艺的热爱。品牌标志性的手工打磨修饰技艺也为作品锦上添花,表盘上哑光和抛光效果的结合让鳞片更为逼真。这也体现出艺术创作的微妙在于用留白创造想象空间,通过对动物一个部位的精准描绘,让人联想出它的全貌。

通过这枚腕表 9 点钟位置的蓝宝石水晶玻璃拱窗,可以看到陀飞轮在围绕着双轴持续地转动。陀飞轮由两个框架组成,随着陀飞轮的运转,每 15 秒便可呈现一次马耳他十字。时刻运转的浑天仪式陀飞轮充分体现了江诗丹顿特别定制腕表的生命不息。此外,机芯还采用了高级材料,如硅质擒纵叉、擒纵轮,以及铝质陀飞轮框架,在提升时计精准性和耐用性的同时,减轻了腕表本身的整体重量。

9) 惊喜(surprise)

里查德米尔 RM69 陀飞轮腕表(见图 2.74)搭载的手动上链陀飞轮机芯由 505 枚零件与 41 颗红宝石组成。整只腕表结构紧密,独特的双层设计,使陀飞轮与发条盒不再是面对面组装,而是同轴叠置。这种设计增强了机芯的紧密度与对冲击的抗力,有助于融入复杂功能。凭借其独特的酒桶外形、暴露机芯的镂空表盘、极度紧密的内置组合,里查德米尔总是能够使人眼前一亮,对于消费者来说本身就是一种惊喜。

而此款腕表最令人惊奇的特点是位于 6 点钟位置陀飞轮上方的全新复杂功能——神谕(oracle)机制。该机械结构以 5 级钛合金制的 3 根雕刻滚柱组成,通过按压 10 点钟位置的按钮,使滚柱以旋转的方式呈现字句组合,按压 8 点钟位置的按钮则可以使指针隐没,令滚柱上的文字跃入眼帘。

图 2.74　里查德米尔 RM69 陀飞轮腕表

字句的组合是惊喜的一种呈现方式，符合美学中出人意料的惊喜要素。无论是整只腕表采用的属于里查德米尔一贯的科技风设计，还是全新的复杂功能神谕机制本身，抑或是这三根滚柱上的文字所拼凑出的真情告白，无一不是美学中惊喜的最佳呈现。

10）图案（pattern）

图案通常都是由自然风貌演变而来，抽象的图案反映的是真实的世界。精心设计的大片图案会产生一种别样的美。例如教堂中的马赛克窗户为教堂内部引入多彩的阳光，同时，这些马赛克窗户还被当成画布，描绘《圣经》中的一个个画面。图案将观众拉入其构建的抽象世界，传达由图案体现的美感。

百达翡丽 Calatrava 系列限量版腕表将表盘当作画布，将表盘上的数字全部去除，只留右下角一个简洁的白色品牌标识，此外全部留给艺术图案（见图 2.75）。

图 2.75　百达翡丽 Calatrava 系列限量版腕表

表盘采用珐琅拼接制成不丹王国（Kingdom of Bhutan）的纺织品式样（以其丰富的传统图案、华丽的色彩，以及代代相传的手工编织技术而闻名），成为这个系列限量版腕表的灵感来源。简洁的表面设置凸显了表盘由图案构建的抽象之美。

11）选择（selection）

在美学之中，选择始终扮演着重要角色。颜色、图形、材料，甚至是布局的选择，都在很大程度上影响着作品最终呈现的美。以"融合的艺术"为品牌理念的宇舶始终致力于将不同的艺术风格结合高级制表工艺进行与众不同的独特演绎。

在宇舶 Big Bang Unico Sang Bleu 刺青 II 王金腕表中，选择对于呈现美学的关键性作用得到了很好的证实（见图 2.76）。Sang Bleu 系列创始人马克西姆·普莱西娅-布奇（Maxime Plescia-Buchi）借助此款刺青腕表向消费者传递了他对于几何之美的解读。对于整只腕表各个部分的颜色、不同几何形状的选择，加上对这些形状组合方式的选择，为这只腕表带来了过目难忘和极具冲击力的美——看似凌乱无序的表盘设置实则符合美学中的选择原则。

图 2.76　宇舶 Big Bang Unico Sang Bleu 刺青 II 王金腕表

马克西姆选择将两个狭长的菱形与一个箭头指针组合叠加于表盘之中，指针形状独特，线条精细，如置于静谧的计时机芯上的刺青碎片，打造出三维的视觉效果，以现代风格呈现时光的流转飞逝。图形元素贯穿表壳，并通过切割和雕刻融入六边形表圈的装饰和蓝宝石水晶表背之中，Unico 机芯则经由全透明表盘跃然眼前。选择中的随意性在此表盘中得到充分体现，乍一看甚至无法立刻将时间读出，细看却能感受到其中蕴含的艺术与活力。

12）自发性（spontaneity）

一件艺术品的作者会借助作品发挥其主观能动性，抒发想要"做自己"的自主性，并表达自己的美学定义。

　　规则形状的腕表才是最美的？一定要是圆形表盘，指针指向圆盘边的数字，成天绕着圆心做着单调的自转运动？瑞士小众腕表品牌 MB&F[①] 以其全球仅四款的 Horological Machine No. 6 Alien Nation 颠覆性地重新定义了腕表——一艘穿梭星系的宇宙飞船也可以是符合美学的腕表。MB&F 敢于保持其独特性和美学的自主性，不向消费者对于腕表的传统认知妥协，坚持做自己，主动定义腕表之美。

　　整只腕表为一艘形状奇特、极具科技感的宇宙飞船，由六名外星人负责驾驶（见图 2.77）。他们奔波于飞船内外，在引擎四周维护飞船，固定尾部涡轮机，调整传动装置，好奇心和探险精神促使他们驶向新世界。这六位外星人，都是由雕刻师奥利维尔·库恩（Olivier Kuhn）采用白金、以手工单独雕塑而成。一个外星人就需要长达 34 个小时的制作。尽管他们是以静态的白金微雕而呈现的，他们维护飞船的自发性和活力却得到了充分体现。

图 2.77　MB & F Horological Machine No. 6 Alien Nation

　　腕表搭载的涡轮装置直接连接上链摆陀，可提供足够的空气阻力，让摆陀在旋转惯性提升到某一程度时放缓速度。由此自动上链装置实际上也在进行自我调节，不仅使机芯经久耐用，也再次表明了这款腕表不仅透露着自主之美，也展现了该腕表作为一个个体，拥有定义自我、调节自我的自发性。

---

① 该品牌全称为"Maximilian Büsser and Friends"。

研究案例　江诗丹顿

1755年,江诗丹顿创立于瑞士日内瓦,是世界上最古老、最早的钟表制造厂之一,也是世界最著名的表厂之一。历经两个多世纪的风风雨雨,江诗丹顿至今依然是钟表业界最负盛名的品牌之一。

18世纪中后期,法国大革命和拿破仑开启的全面战争导致了欧洲传统皇室的没落,钟表匠的生意也因此一蹶不振。20世纪20年代末,受美国经济大萧条的影响,各个行业异常低迷,江诗丹顿却依然坚守本业。1938年,查尔斯·江诗丹顿(Charles Constantin)最后选择把江诗丹顿大部分股权卖给了另一钟表品牌——积家。几经辗转,历峰集团最终于1996年收购了江诗丹顿。

历史悠久的江诗丹顿,有着多年的制表经验。但"最小批量,最优质量,最高卖价"一直是江诗丹顿的经营战略。自1840年起,每只手表的生产图纸、销售日期及机芯表壳编号等资料,都完整无缺地保留在公司的档案柜中。他们将超群的技术、严格的测试、精湛的工艺与完美的造型结合在一起,创造出一个又一个高贵典雅、令人赞叹不已、极富收藏价值的稀奇经典之作。在漫长的制表岁月中,它已成为名贵典雅的象征。

江诗丹顿传承了瑞士的传统制表精华,未曾间断,同时也创新了许多制表技术,对制表业有莫大的贡献。江诗丹顿在整个20世纪推出了多款令人永世难忘的设计。作为顶级奢华制表品牌,很多人对江诗丹顿并不像对百达翡丽抑或劳力士那样熟悉,更遑论痴迷般的追捧,然而其在制表技术和艺术造诣上都是很多制表品牌不能比拟的。

江诗丹顿更像是一位艺术家,无论是珐琅工艺,还是雕刻工艺等,江诗丹顿都能把表做成一件艺术品。虽然百达翡丽、宝玑、宝珀等也都有自己相应的艺术气息,但是江诗丹顿还是有一种非常具有辨识度的艺术特色(华丽和细腻),就连品牌的标志马耳他十字也在很多不同的表款中以各种让人印象非常深刻的姿态出现(见图2.78)。

VACHERON CONSTANTIN
Manufacture Horlogère. Genève, depuis 1755.

图 2.78　江诗丹顿马耳他十字标志

　　为了体现对于艺术的执着，江诗丹顿专门推出了艺术大师系列，各种艺术珍品级腕表对漆绘、珐琅、浮雕、镂空等艺术形式表现得淋漓尽致（见图 2.79），并对各国特色的文化也倾注了极大的热情，进行了细腻独到的构思和设计。对艺术和文化的倾情和演绎可以说是江诗丹顿灵魂的一部分，也是构成江诗丹顿百变"表神"的核心组成部分。

图 2.79　江诗丹顿腕表工艺

江诗丹顿在复杂功能的造诣上也可以说不逊于任何一家顶级制表品牌,它推出了号称复杂功能最多的怀表——57260(见图 2.80)。这枚怀表有多达 2 826 个零件,242 颗钻石,31 根指针,为 2 个表盘要制作的打印模块多达 54 个,仅草图、作图用纸就重逾 16 千克,具备 57 项复杂功能,制作 1 枚就需要 3 名制表大师合作花费 8 年时间。除了传统的顶级配置陀飞轮和三问报时(minute repeater)功能外,这枚据称亿元级"天价"表在技术方面也有一些比较明显的创新,比较突出的是"浑天仪"陀飞轮、日出日落显示、历法创新、多重声控(夜间静音)等功能。包括马耳他十字标志在内,江诗丹顿的细节处理堪称华丽。

图 2.80　江诗丹顿 57260 复杂功能怀表

除了更准、更复杂,更薄是古今所有制表师共同的目标。如果从组装的难度来看,超薄表甚至可以算是一种复杂功能。1952 年,江诗丹顿、爱彼和积家开始共同研发近代超薄手动机芯。1953 年,一枚厚度只有 1.64 毫米的积家 803 型机芯问世,之后,江诗丹顿便对这款机芯进行了全方位立体式的改装,以 18K 黄金打造所有的夹板,舍弃了之前常见的光摆配合快慢针调节的擒纵机构,换上了极为传统的螺钉摆轮和微调螺钉的调节方式。江诗丹顿摆轮作了五方位调校,连在当时还非常先进的 Kif 避震器都用上了,使其达到甚至超越了日内瓦印记的严苛标准,并在 1955 年品牌创立 200 周年时正式推出世界上最纤薄的 Calibre 1003 机芯(见图 2.81)。

图 2.81　江诗丹顿 Calibre 1003 机芯

　　"悉力以赴，精益求精(Faire mieux si possible, ce qui est toujours possible)"，1819 年 7 月 5 日弗朗索瓦•江诗丹顿(François Constantin)的这席话，深刻描述了今天江诗丹顿的品牌精神。几个世纪以来，江诗丹顿通过传统与创新的巧妙融合，将精湛工艺、美学设计、艺术元素和人文精神汇聚于腕表的方寸空间，塑造出独到的时间理念。

　　为了更好地为亚洲收藏家呈现品牌文化精髓和展示极致展品和工艺，江诗丹顿早在 2009 年就在中国上海市淮海中路 796 号双子别墅东楼打造了江诗丹顿之家(见图 2.82)，融汇别墅的文化积淀和品牌优雅精湛的工艺品质，诠释了江诗丹顿的品牌风范。

图 2.82　上海江诗丹顿之家

思考与探索

1. 以江诗丹顿艺术大师系列为例，说明其如何在传承和创新中求得平衡。

2. 江诗丹顿作为世界顶级品牌是如何被历峰集团收购的？

3. 江诗丹顿上海市淮海中路 796 号全球旗舰店的独特性是如何表现的？

第 3 章

高端腕表品牌定位及品牌架构

　　无论是普通商品品牌还是奢侈品品牌，定位必不可缺。有一句流行语曾这样表述：试图讨好或吸引每一个人是不可能的，这样做的结果就是一个人都没有被讨好或被吸引。品牌定位连接着企业战略与产品战术，品牌等级、品牌架构和产品价格都与品牌定位息息相关。

3.1　品牌等级、层级与架构

品牌世界与人类社会一样,也是有等级区分的。廉价无名商品、大众品牌、高端品牌、奢侈品品牌属于一种递进关系。然而,不少人会混淆奢侈品品牌与高端品牌,认为高端就是奢侈的,其实奢侈品不是把大众商品再往高端商品发展就可以形成的。

3.1.1　品牌等级

奢侈品行业是一个由众多不同企业和产品组成的宏观经济体,仅有极少数采用奢侈品的发展战略。如今,"奢侈品"这个词变得越来越时尚,即使许多从事时尚家居和高端品牌的公司也开始使用它。然而,"奢侈品""时尚品"和"高端品"并不能互相代替,三类公司有着不同的管理方法。奢侈品不是更高级的商品,它的内涵比高端品广很多,从仅仅贴一个牌子作为商标的廉价产品,到有一定质量保证的大众品牌到高端品牌,再到奢侈品品牌,从价格和奢侈程度两个维度上,它们是一个很难跨越的递进关系(见图3.1)。尤其是高端、轻奢品牌到奢侈品品牌,不是简单地提升价格就可以实现品牌等级的提升。滥用"奢侈品"这个词语容易模糊概念,给品牌经营管理造成混乱。

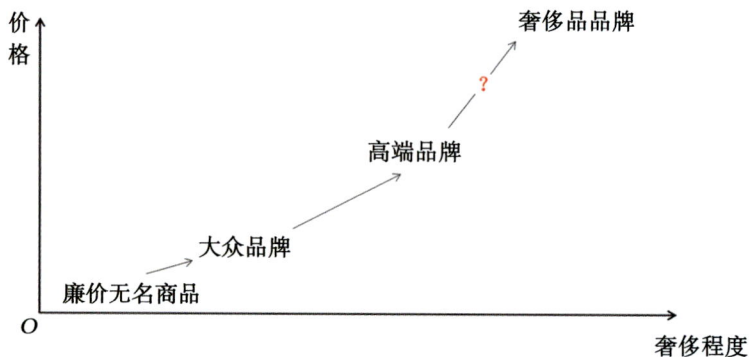

图 3.1　廉价无名商品、大众品牌、高端品牌和奢侈品品牌的递进关系

资料来源:李杰,2020.奢侈品公司创新管理——商业生态系统视角[M].北京:机械工业出版社.

　　为了更好地区分高端品牌和奢侈品品牌,我们进一步将两者细分为快消高端品牌、轻奢/高端品牌、入门级奢侈品品牌、主流级奢侈品品牌、威望级奢侈品品牌和顶级奢侈品品牌(见图3.2)。这个金字塔等级图囊括了斯沃琪这类平民化的快消高端品牌,也包括百达翡丽这样的顶级奢侈品品牌。

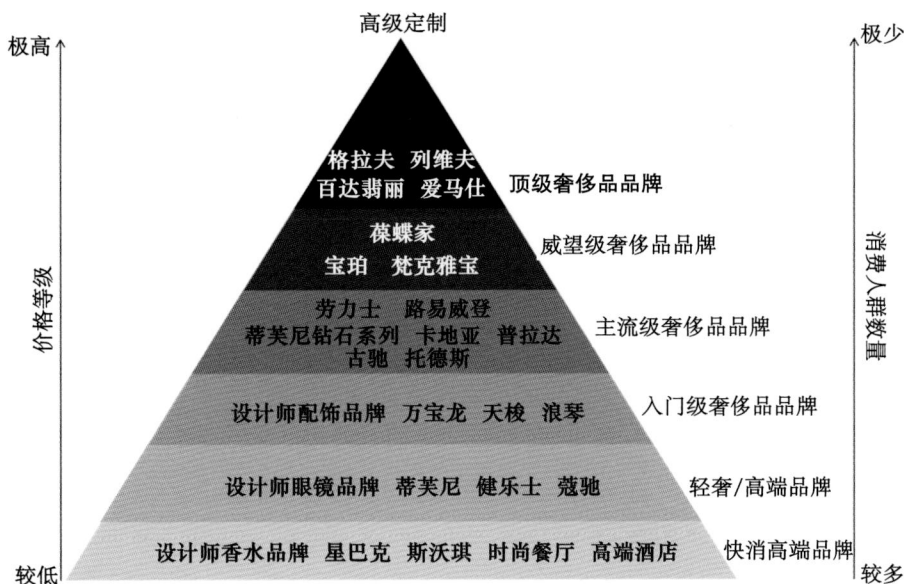

图 3.2　高端品牌和奢侈品品牌等级细分

　　图3.2揭示了斯沃琪等刚进入中国市场时还很"小资"的品牌如今已经处在了金字塔的最底层,而像卡地亚、劳力士这样一款腕表动辄上十万元的品牌也只处于金字塔的中上游位置。处于最顶尖的,其实并非某个特定品牌,而是更个性化的高级定制产品或服务。

　　对一个入门级奢侈品品牌或快消高端品牌而言,增长并不是难题,增速越快越好。如天梭、浪琴等,它们的腕表产量很大,质量不错,通过类似别墅宅邸式样的门店展示,传播腕表的功能与理念,从而创造了品牌资产。为了实现这样的目标,如天梭通常会展示绅士高端的生活方式与商务场合佩戴的效果。对这些高端品牌或轻奢品牌而言,销量并不是个问题。

　　然而,如何保持业务增长是奢侈品品牌面临的最大挑战。它们不能一味地努力保持较小的规模,如何在维持奢侈品品牌地位的同时增长业务,是奢侈品品牌如今真正面临的两难问题。奢侈品是需要一直处于供小于求的状态,销量增长固然是要追求的,但也要谨慎而为。如今,奢侈品品牌在发展中国家(如金砖四国:巴西、俄罗斯、印度和中国)的需求急速飙升,业绩增长的目标变得更加突出。但是,迎合了这样的需求意味着奢侈品品牌变得平庸,奢侈品品牌资产在慢慢被稀释,失去了排他性,还会极大地削减奢侈品品牌的溢价能力。

综上所述,与大众品牌或高端品牌不同,奢侈品品牌构建了一个梦想的世界(见图 3.3),包含了更丰富的品牌意义系统(brand's meaning system)。在一个特定的文化背景下,奢侈品品牌的创始人通过对世界的观察与感知,制造了独特、高质量的产品,并且具有很强的审美特征。这些产品不仅需要契合人们功能性(functional)、象征性(symbolic)和体验性(experiential)的需求,更重要的是,它要能够传承,如百达翡丽的经典表述:没有人真正拥有百达翡丽,只不过为下一代保管而已。

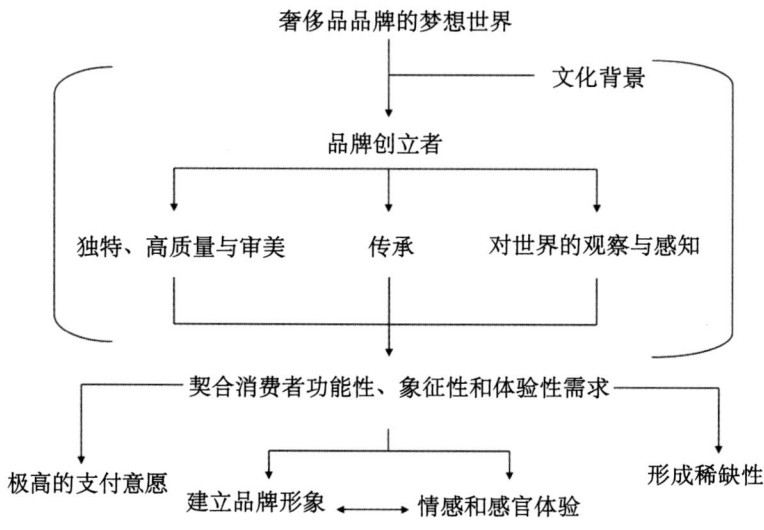

图 3.3 奢侈品品牌的梦想世界

特定消费者会非常愿意付出高昂的代价去购买那些真正的奢侈品。与大众品牌或高端品牌相比,奢侈品的购买群体规模小很多,如此形成了一定的稀缺性。在那些消费能力较强、与奢侈品品牌内涵相契合的消费者购买奢侈品的同时,奢侈品品牌的形象也建立起来了,从而打造了强大的情感和感官体验。

3.1.2 品牌层级与架构

一般而言,按照所覆盖产品的宽度,每个公司由高到低分为四种品牌层级(brand hierarchy):公司品牌(company brand)、分部品牌(house brand,即俗称的公司旗下独立品牌或某品牌的副牌)、产品线品牌(product line brand,即俗称的"产品系列")以及子品牌(sub-brand,即俗称的"款式""型号"等)。公司品牌是企业的品牌,代表了企业的价值观、文化;分部品牌是涵盖多种产品类别的品牌;产品线品牌是针对公司特定产品的品牌;子品牌则是代表产品线品牌的具体款式。各个企业针对不同产品的品牌战略会有差异,企业可能会以某一层级的品牌名称为主,也可能对多个层级的品牌名称采取平均比重。所以,在为产品设计品牌战略时,就可以将这些不同层级的品牌名称以特定方式集合在一起,形成一个完整的品牌结构。

在品牌层级的最上端是公司品牌,它定义了产品或服务背后的企业,如斯沃琪集团、历峰集团和路威酩轩集团,代表了生产及销售的组织,包括人员、规划、系统、价值及文化。

第二层级是分部品牌,也称为系列品牌(series brand)。它所代表的是涵盖几种产品类别的品牌,如斯沃琪集团下的宝玑、历峰集团下的江诗丹顿、路威酩轩集团下的宇舶等。

一般情况下,分部品牌下还存在品牌,那就是第三层级——产品线品牌,英文有时也用"family brand"表示。这些品牌代表了特定系列产品,如宝玑的传世、那不勒斯王后系列,江诗丹顿的伍陆之型、艺术大师系列,宇舶的 Big Bang、MP。

最后,品牌还可以通过子品牌进一步细化,如(宝玑传世)Dame 7038、(宝玑那不勒斯王后)Jour/Nuit 8999;(江诗丹顿伍陆之型)星期日历动力储存、(江诗丹顿艺术大师)哥白尼天体球 2460 RT;(宇舶 Big Bang)Unico Special One、(宇舶 MP)Techframe 45mm。这些子品牌也称为个别品牌(mono brand)。如果产品更多,可以通过分部品牌或产品线品牌的子品牌继续细化。

由此,公司品牌、分部品牌、产品线品牌和子品牌构成了一个公司的品牌架构。图 3.4 展示了日本精工集团的品牌架构。

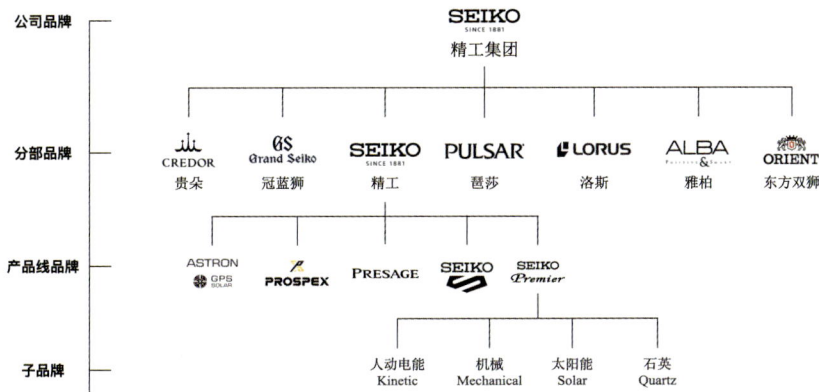

图 3.4　高端品牌和奢侈品品牌等级细分

学术上,BASE 模型经常用于品牌架构的探索,帮助一个企业制定合适的品牌细分策略。品牌架构策略按目标顾客(target customers,T)和产品品类(product categories,P)两个维度划分,可分为五类,即 C 型、P 型、T 型、PT 型和 F 型,如表 3.1 所示。

表 3.1　BASE 模型中的五类品牌架构

类型	示意图	品牌架构
C 型	P_1　P_2　P_3　P_4 T_1　T_2　T_3　T_4 **公司品牌**	对所有产品类别和目标群体采用统一品牌
P 型	P_1　P_2　P_3　P_4 T_1～T_4 品牌1　品牌2　品牌3　品牌4	以产品系列为品牌细分策略
T 型	P_1　P_2　P_3　P_4 T_1　品牌　1 T_2　品牌　2 T_3　品牌　3 T_4　品牌　4	具有明显消费者定位的品牌架构,可以将多个品类归到一个品牌中
PT 型	P_1　P_2　P_3　P_4 T_1　品牌1　品牌2　品牌3　品牌4 T_2　品牌5　品牌6　品牌7　品牌8 T_3　品牌9　品牌10　品牌11　品牌12 T_4　品牌13　品牌14　品牌15　品牌16	产品与特定目标群体细分策略,每一个细分的小格子都有自己的品牌名
F 型	**公司品牌** 子品牌　3 子品牌　2 子品牌　1	品牌家族细分策略,分级排列的品牌名有一个共同的公司品牌,有一定数量的背书品牌或子品牌,这些品牌有自己的品牌个性。这些品牌家族成员也可以有多个分层等级。F 型不仅靠通用大品牌名描述,还会结合 P、T 或 PT 型混合形式进行品牌命名、定位与传播

与其他品类的奢侈品公司相比,腕表公司的品牌组合相对简单很多,几乎所有腕表公司都以产品系列进行品牌组合,即腕表公司均采用 P 型的品牌架构模式。一家腕表公司不同产品线的组合,规定了品牌的作用、各产品线之间的关系,以及各自在品牌体系中所扮演的不同角色。合理的品牌结构有助于寻找共性以产生协同作用,条理清晰地管理多个产品线,减少对品牌识别的损害,快速高效地做出调整,更加合理地在各产品线中分配资源。

3.2　腕表品牌等级

腕表各品牌内部并没有一个明确的等级制度。然而,为了让大家对各个手表品牌有个简单快速的认识,广大表友以及一些钟表相关的单位自发地对市场上常见的手表品牌按照统一的要求做了一些等级上的分类。许多同一品牌产品有差异,所以按其比例区分,列为一类一等的说明其以复杂功能表见长,而且复杂功能表在其产品中占相当比例,或者机芯的打磨水准高,品牌定位高。每个人或者每个机构对于手表品牌都是各有所爱,各个手表品牌也都在不断发展。因此,对于手表品牌的层级分类,虽然总有人在做,总有人在更新,但是从来都没有一个版本能同时得到业内各大品牌和广大表友的认可。或者说当大家发现有这个排名的时候,品牌的发展已经再一次改变了排名。

20 世纪 80 年代,沈阳轻工机械设计研究所编的《英汉钟表工业词汇》一书中,按照一类一等、一类二等、一类三等、二类一等、二类二等、三类、四类、五类这样的等级来对当时商场上常见的腕表品牌大致做了分类。本书摘录了其中一部分给读者作一个参考,如表 3.2 所示。

表 3.2　《英汉钟表工业词汇》腕表等级分类与品牌对照表(1980s)

等级	原名(中文译名)
一类一等	International(国际)、Rolex(劳力士)
一类二等	Longines(郎琴)、Omega(欧米伽)
一类三等	Cyma(西马)、Eterna(依特那)、Jaeger-LeCoultre(积家)、Movado(摩凡度)、Tissot(天梭)、Tudor(刁度)、Universal(万国)、Ulysse-Nardin(阿立斯那庭)
二类一等	Ebel(依宝)、Elgin(爱而近)、Hamilton(汉弥尔登)、Juvenia(左湾那)、Marvin(摩纹)、Mido(米度)、Waltham(华生)
二类二等	Bulova(布洛瓦)、Cortebert(柯迪柏)、Gruen(格隆云)、Vulcain(凡尔根)、Wittnauer(威那欧)、Zenith(增你智)
三类	Alpina(阿尔本那)、Bel-Lux(保路土)、Consul(公使)、Doxa(道洒)、Ererhard(依保哈)、Election(依力克辛)、Elka-soper(锚牌)、Ernestborel(依保路)、Geneva(日内瓦)、Girard-Perreguax(奇拉派克)、Heuer(豪华)、Roamer(罗马)、Titoni(梅花)

（续表）

等级	原名（中文译名）
四类	Bovet（宝维他）、Breguet（百里鸽）、Breitling（百瑞灵）、Certina（雪铁纳）、Enicar（英纳格）、Grand-Prix（大光明）、Great-Wall（长城）、Sandoz（山度士）、Atlantic（大西洋）
五类	Pacific（太平洋）、Peace（和平）、Pronto（波浪多）、Rado（雷度）、Spring（春天）、Star（星牌）、Union（联合）、Venus（维纳斯）

随着手表品牌的发展，以上的分类已经越来越不符合品牌实际的定位，很多手表品牌经过多年的发展已经跻身高端腕表行列，同时也有为数不少的手表品牌在 20 世纪 80 年代的石英危机中陨落，在这个过程中，许多品牌也更新了自己的中文名称，如表 3.3 所示。

表 3.3 关于腕表品牌原名、中文名及更新后的中文名

手表原名	中文名	更新后的中文名
Longines	郎琴	浪琴
Movado	摩凡度	摩凡陀
Tudor	刁度	帝舵
Mido	米度	美度
Hamilton	汉弥尔登	汉米尔顿
Ulysse-Nardin	阿立斯那庭	雅典
Zenith	增你智	真力时
Breguet	百里鸽	宝玑
Breitling	百瑞灵	百年灵
Girard-Perreguax	奇拉派克	芝柏
Internation（更名为 IWC）	国际	万国
Bulova	布洛瓦	宝路华
Gruen	格路云	高路云
Heuer（更名为 Tag Heuer）	豪华	泰格豪雅
Grand-Prix	大光明	格林
Rado	雷度	雷达
Union	联合	宇联

根据市场上手表品牌的品牌定位、工艺、价位、知名度等方面统一衡量，很多研究机构或

品牌商将现在市场上常见的手表品牌按照尊贵级、豪华级、高端、中端、基础五类进行分类，同一类手表品牌之间不分先后。

1）尊贵级品牌

尊贵奢华腕表泛指那些产量稀少、品牌技术实力雄厚、平均定价较高的品牌。这些表款很多情况下都是限量提供，与市场上一般的限量几千上万块的销售手段不同，这类手表的限量款通常都是限量几块，最多十几块，都是由一定技术水平和知名度的钟表师手工调教，甚至是手工打造的。尊贵奢华腕表的销售很多时候也都是针对该品牌的定向客户，或者是通过拍卖会，想要买到一块尊贵奢华腕表也并非易事。如宝玑最初的时候就是创始人宝玑先生专门为皇室定做怀表，第一块腕表正是宝玑先生为那不勒斯王后定制的。时至今日，宝玑依然还接受为顾客定制腕表，这类从机芯设计开始的定制常常需要花费几年甚至几十年的时间，可想而知这已经不是价格的问题了，可谓十足的尊贵奢华。

尊贵奢华腕表品牌含金量极高，产量有限，定价一般在 20 万元人民币以上，以制作复杂功能表见长，打磨考究，充分显示表厂的技术实力。处在金字塔塔尖的私人定制腕表自然也归在这一类里。

此外，腕表界还有一个特殊的门类——独立制表师品牌。这类品牌通常由一个或者几个人创立，产品做工和知名度也因不同的人而差异巨大，价格多数情况下并不稳定。我们把做工一流、质量上乘、知名度高的独立制表师品牌比如菲利普杜弗（Philippe Dufour）等也一并归入尊贵奢华腕表。

尊贵奢华腕表包括百达翡丽、江诗丹顿、爱彼、朗格、宝玑、罗杰杜彼、菲利普杜弗、帕马强尼（Parmigiani）复杂款、雅典复杂款、芝柏复杂款、法穆兰（Frank Muller）复杂款等。

2）豪华级品牌

豪华品牌指的是相较于尊贵奢华腕表来说更容易购得的，一定程度上体现一家制表厂实力的一类品牌。这类品牌适合中国的高薪阶层，或者热爱腕表、对手表非常感兴趣的人。

豪华品牌包括宝珀、积家、伯爵、宇舶、格拉苏蒂原创、雅克德罗、梵克雅宝、劳力士、万国、卡地亚、萧邦、雅典普通款、法穆兰普通款、帕马强尼普通款等。

3）高端品牌

高端品牌指的是豪华品牌出的基本款，或者是定位和定价略低于豪华品牌的这些品牌。这一类钟表品牌通常也拥有雄厚的技术实力，品牌历史悠久。品牌定位从处处都要做到极致的豪华品牌慢慢转变到各方面有所取舍的均衡发展，提高销售量以谋求更好的发展。高端品牌有的曾经是某个技术雄厚的表厂,因为发展路线的不同舍弃了豪华品牌的打磨或者特别苛刻的要求;有的是一开始就定位做一个品质稳定的、大规模生产的品牌。这一类品牌虽然做工没有豪华品牌那么精细,但是从稳定性来说是不遑多让的。因此选择一个品质稳定、性价比高的高端腕表作为给自己的奖赏,也是一个不错的选择。

高端品牌包括欧米茄、百年灵(Breitling)、昆仑(Corum)、沛纳海(Officine Panerai)、真力时、精工 GS、丹尼尔罗斯(Daniel Roth)、尊达(Gerald Genta)、宇联(Union)、古莱特(Chrono)、杜彼萧登(Dubey & Schaldenbrand)、玉宝(Ebel)等。

4)中端品牌

中端品牌通常采用质量稳定的量产机芯,一般情况下采用全球最大的手表和机芯生产商之一 ETA 制造的机芯,多偏于高级机芯(如 2824-2、2892A2、7750、6498 等),有一定改造与打磨工艺或设计着重突出,占据中端领域,适合中国中产阶层。这类手表延续了瑞士表的血统,也保持了瑞士表品质稳定、经久耐用的好传统,是绝大多数中产阶层首选的腕表。这类手表品牌众多,款式各样,消费者总能在这个门类里找到自己中意的款式。

中端品牌有浪琴、帝舵(Tudor)、泰格豪雅、柏高(Paul Picot)、马丁布朗(Martin Braun)、保时捷设计(Porsche Design)、艾克宝(Ikepod)、艾伦萧伯斯坦(Alain Silberstein)、依百克(Eberhard)、凡尔根(Vulcain)、宝格丽(Bulgari)、文图拉(Ventura)、天梭、美度、雪铁纳(Certina)、汉米尔顿、摩凡陀(Movado)、雷达等。

5)基础品牌

基础品牌指的是手表品牌中的中坚力量,这类品牌打磨水平一般或者完全不注重打磨,工具性比较强,使用的都是瑞士最基础的机芯(ETA 毛胚款、Sellita)、日本精工、日本西铁城或者是国内几家手表厂(上海手表厂、天津手表厂等)出产的机芯。

这类表款注重外观设计和功能,对于顾客很难察觉到的机芯或者细节的部分有所取舍。基础品牌的手表虽然本书将其分在同一类,但是其中工艺水平相差较大。从顾客的角度来说,有的可能品质和外观堪比高端手表,有的可能短时间内就会出问题。很多人一开始接触的都是这一类手表,有的是上一代或两代比较流行的好口碑品牌(如梅花、英纳格、罗马),有的可能是看中手表的造型,有的可能是看中手表的新奇功能(如西铁城光动能表、电波对时表,精工 Spring Drive 系列,天梭 T-Touch 系列,雷达触摸调时依莎系列等)。

基础品牌包括:精工、西铁城、绮年华(Eterna)、尚美(Xemex)、梭曼(Revue Thommen)、伯特莱(Perrlet)、艾登(Schwarz-Etienne)、富利斯(Fortis)、美耐华(Minerva)、雅克(Jacques Etoile)、尚维沙(JeanRichard)、蒂玛(Tutima)、辛恩(Sinn)、尼芙尔(Nivrel)、

莫勒（Muehle）、诺莫斯（Nomos）、瑞纳（Rainer Brand）、显赫（Hanhart）、司多娃（Stowa Joerg Schauer）、索迪斯（Sothis）、宝星（Temption）、豪利时（Oris）、芝诺（Zeno）、马尔切洛（Marcello C）、迪沃斯（Davosa）、梅花、莫纳格、罗马、西马（Cyma）、依波路（Bore）、百浪多（Pronto）、艾其华（Ogival）、时度（Doxa）、山度士（Sandoz）、尼维达（Nivada）、奥尔马（Olma）、宝路华（Bulova）、斯沃琪、卡西欧（Casio）、荣汉斯（Junhans）、东方双狮、其他瑞士石英表品牌，以及中国国产腕表品牌等。

3.3　高端腕表定位原理

一家腕表公司选定了目标市场后，就要设计并塑造自己相应的产品、品牌及企业形象，以争取目标消费者的认同。市场定位的最终目标是为了实现产品销售，而品牌是企业传播产品相关信息的基础和消费者选购产品的主要依据，因而品牌是连接产品与消费者的桥梁，品牌定位成为市场定位的核心和集中表现，差异化是品牌定位的核心基础。

一个产品可以分为五个层次，分别为核心产品（core benefit products）、形式产品（generic products）、期望产品（expected products）、延伸产品（augmented products）和潜在产品（potential products）（见图 3.5）。

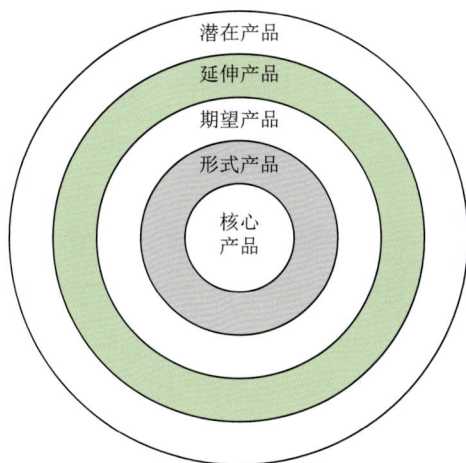

图 3.5　产品的五层级结构

（资料来源：KOTLER P，KELLER K L，2016. Marketing management［M］. 15th ed. London：Pearson Education Inc.）

核心产品是指整体产品提供给购买者的直接利益和效用，腕表就是计时功能。形式产品代表了式样、特征、商标、包装和品质，如腕表的圆形表盘、指针、商标名等。期望产品是指购买者在购买产品时期望得到的与产品密切相关的一整套属性和条件,如高端腕表的购买者期望优质、尊贵、低调的设计与表现。延伸产品是指产品提供给顾客的一系列附加利益,包括腕表的运送、维修、保证等给予消费者的好处。潜在产品是现有产品包括所有附加产品在内、可能发展成为未来最终产品潜在状态的产品。潜在产品层是产品的第五个层次,是很多腕表公司努力寻求的满足顾客并使自己与其他竞争者区别开来的新方法。

任何一个品牌的差异化都有维度可循,腕表一般有两种定位维度,即产品与功能价值定位和心理价值定位。

1)产品与功能价值定位

产品与功能价值定位在腕表行业应用非常普遍,产品本身是高端腕表品牌的根本。不少顶级腕表品牌把宣传重点放在产品价值和工艺上,如宝珀和江诗丹顿(见图3.6)。

图 3.6 以产品与功能价值定位的宝珀和江诗丹顿

宝珀是世界上第一个注册的钟表品牌。纵观整个宝珀腕表的传播发展史,我们发现它更多地使用了产品与功能价值定位:宝珀是目前世界上最复杂、最多功能的全手工机械表,自1735年成立以来,宝珀从未生产过石英表,这项宗旨也将会贯彻到底、恒久不变。宝珀是业内鲜有的完全自主设计、研发、制造的钟表品牌,被誉为"经典时计的缔造者"。宝珀的鬼脸月相也是其品牌的一大特色。

江诗丹顿传承了瑞士的传统制表精华,未曾间断,同时也创新了许多制表技术,对制表业有莫大的贡献。江诗丹顿在整个20世纪推出了多款令人永世难忘的设计:从简约典雅的款式到精雕细琢的复杂设计,从日常佩戴的款式到名贵的钻石腕表,每一款均代表了瑞士高级钟表登峰造极的制表工艺,体现了江诗丹顿在世界钟表业界卓尔不群的地位,及其对技术和美学的追求。江诗丹顿的品牌基因差异化更多是以产品与功能价值为主,"全力以赴,精益求精"(Do better if possible, and it is always possible.)是它的品牌理念。

2）心理价值定位

产品与功能价值是每款高端腕表的根本,但一些品牌并不只专注于此,它们还看重心理价值定位。它们会依靠品牌文化与传承的精神强调使用者的身份或时尚风格,即心理价值定位,代表品牌如百达翡丽和卡地亚(见图 3.7)。

图 3.7　以心理价值定位的百达翡丽和卡地亚

百达翡丽被誉为"腕表中的蓝血贵族",认为自己最重要的品牌基因就是无可取代的手工精饰工艺。若论百达翡丽时计桂冠上最耀目的珍宝,莫过于从表壳、表盘到机芯都不可或缺的手工精饰,这些工序均由训练有素的专家以代代相传的手工技艺潜心完成。百达翡丽经典的广告语:没人能拥有百达翡丽,只不过为下一代保管而已(You never actually own a Patek Philippe. You merely look after it for the next generation.)。百达翡丽的品牌基因便是"恒久传承",给佩戴者身份认同感,满足他们的心理价值。

在高端腕表品牌中,卡地亚算是一个另类,它的主营产品是珠宝。与历峰集团旗下的其他腕表品牌(如江诗丹顿、名士、雅克德罗、朗格、百达翡丽、万国、罗杰杜彼)相比,卡地亚腕表在技术上并没有足够的核心竞争力,因此,卡地亚便开启了高端腕表时尚路线,以高级珠宝的品牌形象作为品牌背书。消费者相信卡地亚的腕表会产生与珠宝一样极高的价值和潜在价值,并且这种观念深深根植于消费者的心中。此外,卡地亚依靠名人代言、明星作为品牌大使,让卡地亚成为消费者表达自我身份的有效武器。消费者购买卡地亚腕表,很大一部分原因是为了达到身份的共鸣。同时,卡地亚也凭借颠覆性的设计一次次刷新人们对腕表造型的固有概念,即以简约优雅的设计和质感在时尚界不断掀起浪潮。"美丽低调,气质不凡"是卡地亚品牌基因的根本所在。蓝气球是一款认知度与识别度都很高的系列腕表,它融合了卡地亚的经典与创新,成为腕表界中的标杆之作,华丽大气同时又出尘不染,就是对卡地亚腕表风格的最佳诠释。

3.4 高端腕表价格体系

高端腕表的价格体系基本分成两类：一类是复杂功能的叠加给腕表带来更多的附加值；另一类是贵金属的应用增加了制造成本，提高了腕表售价。

在高端腕表中，"三问""陀飞轮""万年历"被广泛认为是制表工艺的最高技艺，一个腕表品牌是否有强大的机芯设计研发能力，往往就是通过这三大功能体现出来的。如百达翡丽、江诗丹顿、宝玑、宝珀、爱彼等一线表厂可以将这三项顶级复杂工艺制作在一枚机芯之中，这样的手表往往价值不菲。

还有一些品牌例如劳力士、欧米茄等，它们往往只有几款主打机芯，手表功能都比较单一，但是机芯品质、走时精度非常可靠。对于这些品牌来说，它们会选择一些贵金属或者珠宝来提升产品售价。常用的表壳材料有黄金、白金、铂金、钯金等。

以下列举截至2019年年底21个顶级腕表品牌的几个经典款式及其在中国内地和中国香港的零售价。

1）百达翡丽

百达翡丽腕表的定价从几十万元到数百万元不等。图3.8所示的五款手表型号从左至右分别为5316P、5374P、5327G、5146G、5227G。从型号后缀可以看出，这五款手表都是采用了贵金属表壳，表壳成本几乎相同，但是这五款手表的售价却相差甚远。

(a)　　　　　(b)　　　　　(c)　　　　　(d)　　　　　(e)

图3.8　百达翡丽手表

如图3.8a所示，这款5316P同时含有三问报时、陀飞轮、万年历功能，其售价在人民币500万元左右，二级市场更是超过了500万元。

图3.8b这款5374P同时含有"三问"和"万年历"功能，售价人民币约300万元。

图 3.8c 这款 5327G 拥有"万年历"这一项复杂功能,售价人民币约 65 万元。

图 3.8d 这款 5146G 仅是一枚全历表,并不具备复杂功能,售价为人民币 29 万元。

图 3.8e 这款 5227G 是最常见的大三针日历表,也是百达翡丽最基础的表款,售价为人民币 24 万元。

百达翡丽绝大多数手表都是用贵金属材料制成,钢表产量及其稀少,虽然钢表官方定价比金表低一些,但是由于其稀缺性,在二级市场百达翡丽钢表的交易价格远远高于官方定价,最著名的就是 5711A 鹦鹉螺系列,官方指导价为人民币 20 万元,但由于产量极其稀少,二级市场交易价格一直保持在人民币 35 万元以上的高位,溢价幅度甚至超过 80%。

图 3.9 所示的腕表为 2019 年 11 月 9 日在瑞士 Only Watch 慈善拍卖会上拍出的百达翡丽 6300A 超级复杂手表,最终成交价格为 3 100 万美元(约 2.17 亿元人民币)。这枚表盘印有"THE ONLY ONE"的百达翡丽钢表是迄今为止成交价格最高的手表。

图 3.9　百达翡丽 6300A 超级复杂手表

同款贵金属版本 6300G 的售价估计在人民币 2 000 万元左右。百达翡丽超级复杂款手表基本没有官方定价,这些手表都是百达翡丽的 VVIP 定制表款,有些根据订单安排生产,有些则是个位数限量,由有实力的 VVIP 竞价获得。

2)江诗丹顿

江诗丹顿经典腕表包括传袭系列、艺术大师系列和纵横四海系列。其中,

a. 传袭系列超卓复杂腕表 80172/000P-9589(见图 3.10a)集三问、陀飞轮、万年历功能于一身,在中国内地售价人民币 520 万元,在中国香港售价港币 578 万元;

b. 艺术大师系列包含了中国十二生肖表款,艺术大师系列中国十二生肖传奇—猪年腕表 86073/000P-B429(见图 3.10b)在中国内地售价人民币 106.3 万元;

c. 纵横四海系列自动上链腕表 4500V/110A-B128(见图 3.10c)在中国内地售价人民币 15.4 万元。

（a）　　　　　　（b）　　　　　　（c）

图 3.10　江诗丹顿经典腕表

3）宝玑

宝玑经典腕表包括经典系列、那不勒斯王后系列和经典复杂系列。其中，

a. 经典系列 18K 白金超薄腕表 5157BR/11/9V6（见图 3.11a）在中国内地售价人民币
14.37 万元，在中国香港售价港币 15.67 万元；

b. 那不勒斯王后系列 18K 玫瑰金腕表 8928BR/5W/944/DD0D（见图 3.11b）在中国内
地售价人民币 27.68 万元，在中国香港售价港币 27.94 万元；

c. 经典复杂系列 18K 玫瑰金腕表 5347BR/11/9ZU（见图 3.11c）是两个独立运转的陀
飞轮以桥架固定于每 12 小时旋转一次的中央底盘上，在中国内地售价人民币
341.7 万元，在中国香港售价港币 297 万元。

（a）　　　　　　（b）　　　　　　（c）

图 3.11　宝玑经典腕表

4）朗格

朗格经典腕表包括猫头鹰系列、朗格 1 系列和 1815 系列。其中，

a. 猫头鹰系列 18K 玫瑰金 140.032 腕表（见图 3.12a）在中国内地售价人民币 58 万元，在中国香港售价港币 57.4 万元；

b. 朗格 1 系列白色 18K 金 191.028 腕表（见图 3.12b）在中国内地售价人民币 25.3 万元；

c. 1815 系列 18K 玫瑰金 235.032 腕表（见图 3.12c）在中国内地售价人民币 18.2 万元，在中国香港售价港币 18.9 万元。

（a）　　　　　　　　（b）　　　　　　　　（c）

图 3.12　朗格经典腕表

5）爱彼

爱彼经典腕表包括千禧系列、皇家橡树系列和皇家橡树概念系列。其中，

a. 千禧系列霜金蛋白石表盘腕表 77244OR.GG.1272OR.01（见图 3.13a）在中国内地售价人民币 41.4 万元；

b. 皇家橡树概念系列超级报时腕表 26577TI.OO.D002CA.01（见图 3.13b）在中国内地售价人民币 451.1 万元；

c. 皇家橡树系列自动上链腕表 15500ST.OO.1220ST.01（见图 3.13c），在中国内地售价人民币 15 万元。

(a)　　　　　　　　　　(b)　　　　　　　　　　(c)

图 3.13　爱彼经典腕表

6）宝珀

宝珀经典腕表包括经典系列、艺术大师系列和五十英寻①系列。其中，

a. 经典系列中华年历腕表 0888F 3431 55B（见图 3.14a）在中国内地售价人民币 64.75 万元；

b. 艺术大师系列卡罗素春宫三问腕表 0232 3631 55B（见图 3.14b）在中国内地售价人民币 355.15 万元，在中国香港售价港币 385 万元；

c. 五十英寻系列自动上链腕表 5015 12B30 B52（见图 3.14c）在中国内地售价人民币 11.15 万元，在中国香港售价港币 11.65 万元，在美国售价 1.3 万美元。

(a)　　　　　　　　　　(b)　　　　　　　　　　(c)

图 3.14　宝珀经典腕表

---

① 宝珀官方称之为"五十噚"。长度单位"噚"在中国内地已被停用，本书采用更规范的用字"英寻"来代替此字。

7）宇舶

宇舶经典腕表包括 Big Bang 系列、经典融合系列和 MP 系列。其中，

a. Big Bang 系列 Unico 王金陶瓷腕表 411.OM.1180.RX（见图 3.15a）在中国内地售价人民币 26.98 万元，在中国香港售价港币 27.73 万元；

b. 经典融合系列钛金 45 毫米腕表 511.NX.1171.LR（见图 3.15b）在中国内地售价人民币 5.65 万元，在中国香港售价港币 5.8 万元；

c. MP 系列法拉利陀飞轮腕表 905.ND.0001.RX（见图 3.15c）在中国内地售价人民币 248.35 万元，在中国香港售价港币 238.33 万元。

（a）　　　　　（b）　　　　　（c）

图 3.15　宇舶经典腕表

8）积家

积家经典腕表包括双翼系列系列、翻转系列和大师系列。其中，

a. 双翼系列月相日历玫瑰金腕表 6042421（见图 3.16a）在中国内地售价人民币 29 万元；

b. 翻转系列日历腕表玫瑰金款 3912420（见图 3.16b）在中国内地售价人民币 19.3 万元；

c. 大师系列日历大师玫瑰金款腕表 1552520（见图 3.16c）在中国内地售价人民币 16.9 万元。

（a）　　　　　　　　　（b）　　　　　　　　　（c）

图 3.16　积家经典腕表

9）芝柏

芝柏经典腕表包括金桥系列、1966 系列和桂冠系列。其中，

a. 金桥系列三金桥陀飞轮腕表 99275-52-000-BA6E（见图 3.17a）在中国内地售价人民币 175.5 万元；

b. 1966 系列玫瑰金腕表 49538-52-131-BK6A（见图 3.17b）在中国内地售价人民币 25.1 万元，在中国香港售价港币 27.65 万元；

c. 桂冠系列计时 38 毫米腕表 81040-11-131-11A（见图 3.17c）在中国内地售价人民币 10.1 万元，在中国香港售价港币 11.24 万元。

（a）　　　　　　　　（b）　　　　　　　　　（c）

图 3.17　芝柏经典腕表

10）里查德米尔

里查德米尔经典腕表包括 RM 27 系列、RM 11 系列和 RM 07 系列。其中，

a. RM 27-03 纳达尔陀飞轮腕表（见图 3.18a）在中国内地售价人民币 515.8 万元；

b. RM 11-03 迈凯伦计时腕表（见图 3.18b）在中国内地售价人民币 137 万元；

c. RM 07-01 陶瓷女表（见图 3.18c）在中国内地售价人民币 93 万元。

（a）　　　　　　　　（b）　　　　　　　　（c）

图 3.18　里查德米尔经典腕表

11）高珀富斯

高珀富斯经典腕表包括双重摆轮系列、GMT 系列和 Différentiel d'Égalité 系列。其中，

a. 双重摆轮系列 5N 玫瑰金烟灰色金表盘腕表（见图 3.19a）在中国内地售价人民币 290 万元；

b. GMT 系列地球白金限量版 33p 腕表（见图 3.19b）在中国内地售价人民币 260 万元；

c. Différentiel d'Égalité 系列白金限量版 33p 腕表（见图 3.19c）在中国内地售价人民币 230 万元。

（a）　　　　　　　（b）　　　　　　　（c）

图 3.19　高珀富斯经典腕表

12）格拉苏蒂原创

格拉苏蒂原创经典腕表包括议员系列和偏心系列。其中，

a. 议员系列卓越大日历月相腕表 1-36-04-05-02-02（见图 3.20a）在中国内地售价人民币
　 8.5 万元，在中国香港售价港币 7.8 万元；

b. 议员系列手动上链镂空版腕表 1-49-18-01-05-30（见图 3.20b）在中国内地售价人民币
　 25.85 万元；

c. 偏心系列月相腕表 1-90-02-45-35-05（见图 3.20c）在中国内地售价人民币16.6万元，在
　 中国香港售价港币 18.25 万元。

（a）　　　　　　　（b）　　　　　　　（c）

图 3.20　格拉苏蒂原创经典腕表

13）梵克雅宝

梵克雅宝经典腕表包括诗意复杂功能系列和四叶幸运系列。其中，

a. 诗意复杂功能系列恋人之桥 38 毫米自动上链机械腕表 VCARO8U300（见图 3.21a）
在中国内地售价人民币 279 万元；

b. 诗意复杂功能系列午夜巴黎 41 毫米手动上链机械腕表 VCARM96400（见图 3.21b）
在中国内地售价人民币 61 万元，在美国售价 10.2 万美元；

c. 四叶幸运系列小号款石英腕表 VCARM95900（见图 3.21c）在中国内地售价人民币
11.1 万元。

(a)　　　　　　　　(b)　　　　　　　　(c)

图 3.21　梵克雅宝经典系列

14）罗杰杜彼

罗杰杜彼最经典的腕表是王者系列。其中，

a. 王者系列第三代圆桌骑士限量版腕表 RDDBEX0511（见图 3.22a 所示）在中国内地
售价人民币 193 万元；

b. 王者系列镂空飞行陀飞轮腕表 RDDBEX0392（见图 3.22b）在中国内地售价人民币
125 万元，在中国香港售价港币 126 万元；

c. 王者系列 Essential 玫瑰金自动上链腕表 RDDBEX0598（见图 3.22c）在中国内地售
价人民币 37.7 万元。

（a）　　　　　　　　　（b）　　　　　　　　　（c）

图 3.22　罗杰杜彼经典腕表

15）雅典

雅典经典腕表包括航海系列、经理人系列和奇想系列。其中，

a. 航海系列领航者腕表 1183-310/40（见图 3.23a）在中国内地售价人民币 5.5 万元；

b. 经理人系列镂空陀飞轮 45 毫米腕表 1713-139（见图 3.23b）在中国内地售价人民币 30.4 万元；

c. 奇想系列 45 毫米手动上链腕表 2505-250（见图 3.23c）在中国内地售价人民币 76 万元。

（a）　　　　　　　　　（b）　　　　　　　　　（c）

图 3.23　雅典经典腕表

16）HYT

HYT 经典腕表包括 H_0 系列和 Soonow 系列。其中，

a. H_0 系列腕表 048-DL-90-GF-RU（见图 3.24a）在中国内地售价人民币 29.8 万元，在中国香港售价港币 29.9 万元；

b. Soonow 系列腕表 H02235（见图 3.24b）在中国内地售价人民币 58 万元，在中国香港售价港币 57.8 万元。

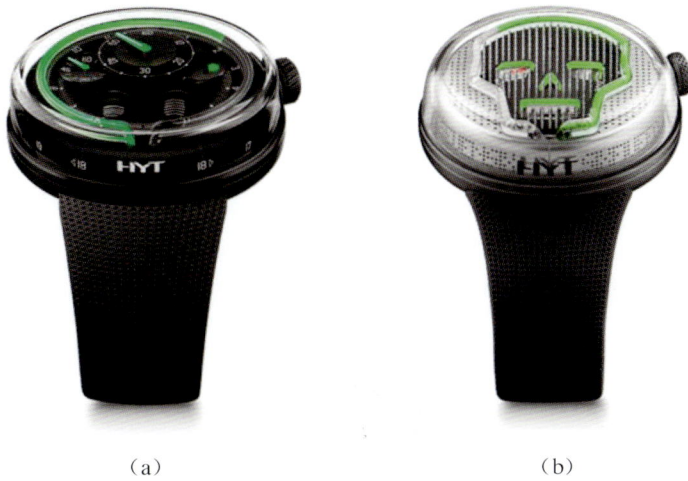

（a）　　　　　　　　　　　　　（b）

图 3.24　HYT 经典腕表

17）和域

和域最经典的腕表是历史系列。其中，

a. 历史系列 UR-110 钢腕表（见图 3.25a）在美国售价 15 万美元；

b. 历史系列 UR-202s 黑腕表（见图 3.25b）在美国售价 12 万美元。

（a）　　　　　　　　　　　　（b）

图 3.25　和域经典腕表

18）菲利普杜弗

菲利普杜弗最经典的一款腕表是 Simplicity 纯手工腕表（见图 3.26），由菲利普·杜弗本人亲自打造，拍卖成交价格约人民币 200 万元。

图 3.26　菲利普杜弗 Simplicity 纯手工腕表

19）沛纳海

沛纳海经典腕表包括庐米诺系列和镭得米尔系列。其中，

a. 庐米诺系列 47 毫米腕表 PAM00372（见图 3.27a）在中国内地售价人民币6.39万元；

b. 镭得米尔系列 S.L.C 47 毫米腕表 PAM00425（见图 3.27b）在中国内地售价人民币5.91万元。

（a）　　　　　　　　（b）

图 3.27　沛纳海经典腕表

20）万国

万国经典腕表包括葡萄牙系列、飞行员系列和柏涛菲诺系列。其中，

a. 葡萄牙系列万年历陀飞轮腕表"150 周年"特别版 IW504501（见图 3.28a）在中国内地售价人民币 81.5 万元；

b. 飞行员系列喷火战机计时腕表 IW387903（见图 3.28b）在中国内地售价人民币 4.57 万元；

c. 柏涛菲诺系列自动腕表 IW356504（见图 3.28c）在中国内地售价人民币 8.56 万元。

（a）　　　　　　（b）　　　　　　（c）

图 3.28　万国经典腕表

21）劳力士

图 3.29 所示的 7 枚劳力士，分别来自 2 个系列。图 3.29a～图 3.29c 是潜航者系列（水鬼），从左起型号分别为 116610LN、116613LN、116618LN。116610LN 钢潜航者俗称黑水鬼，官方定价为 6.64 万元人民币。116613LN 间金潜航者官方定价为 10.05 万元人民币。116618LN 全金潜航者官方定价为 26.71 万元人民币。

图 3.29d～图 3.29g 是迪通纳系列，其型号分别为 116500LN、116503、116505-0012、116598RBOW。116500LN 钢迪通纳俗称熊猫迪，官方定价为 9.67 万元人民币。116503 间金迪通纳官方定价为 13.2 万元人民币。116505-0012 全金迪通纳官方定价为 34.16 万元人民币。116598RBOW 全金彩虹迪通纳官方定价为 735.2 万元人民币。

（a）　　　　　　　　　（b）　　　　　　　　　（c）

（d）　　　　　（e）　　　　　（f）　　　　　（g）

图 3.29　劳力士高端系列腕表

在机芯相同的情况下，劳力士通过钢、间金、全金、宝石镶嵌来区分产品价格，用贵金属的宝石来提升表款的售价。由于劳力士钢款手表过于热销且产量比金表少，像上述熊猫迪的实际交易价格已经远超定价，更稀少的彩虹迪通纳溢价幅度已经超过了 100％。对于一些热门款式，国内出现了经销商搭售的情况，如百达翡丽鹦鹉螺、劳力士熊猫迪等，若消费者想要以官方定价购买，往往必须通过搭购两倍货值的其他滞销款手表才能获得，这已经成为腕表市场不成文的约定。

|研究案例　宇舶 vs. 劳力士|

爱好运动的腕表迷们一定知道两个与体育赛事紧密合作的高端腕表品牌：宇舶和劳力士。近 40 年以来，宇舶展示了对艺术、文化、体育的无限热情；一个多世纪以来，劳力士凭借其出色的实力，伴随世界各地的探险家和精英征服了世界之巅与海洋最深处。

1）宇舶

以"融合之艺术"闻名的宇舶是隶属于路威酩轩集团的高端腕表品牌。成立于 1980 年的宇舶有 4 个产品线品牌，分别为 Big Bang、经典融合、Big Bang 灵魂和传世之作（见图 3.30）。Big Bang 系列拥有子品牌 Unico 45 毫米、Unico 42 毫米、Unico Golf、Alps Limited Edition、法拉利、Unico GMT、Meca-10、MP-11、万年历、陀飞轮 5 天动力储存、"一键式"独立意大利、Sang Bleu、44 毫米、41 毫米、一键式 39 毫米、38 毫米等系列；经典融合包括 45/42/38/33 毫米、计时码表 45/42 毫米、Aerofusion 45 毫米、Aerofusion Moonphase 45/42 毫米、Aerofusion 月相奥林斯基、三问、独立意大利、伯尔鲁帝、限量版等系列；Big Bang 灵魂系列有 3 个子品牌系列，分别为 45/42 毫米、月相 42 毫米和 39 毫米。传世之作系列有 TECHFRAME 45 毫米、MP-05、MP-07 和 MP-09 这 4 个子品牌。

Big Bang 系列　　经典融合系列　　Big Bang 灵魂系列　　传世之作系列

图 3.30　宇舶产品系列

　　宇舶是路威酩轩集团钟表部门三大品牌(另两个为真力时和泰格豪雅)中定位最高者,是与斯沃琪集团、历峰集团和市场上其他独立顶级腕表品牌(如宝珀 L-Evolution 系列、罗杰杜彼王者系列和里查德米尔等)对位竞争的高端腕表品牌。宇舶作为一个现代品牌,在表款上以现代高科技材料和技术为核心,并没有使用传统高端腕表的古典设计元素,虽与宝玑、朗格、江诗丹顿在定价上相差无几,但产品与品牌文化并不相同。

　　宇舶是第一个与足球运动关联的奢侈品品牌,成为国际足联首个委任世界杯官方计时的高端腕表品牌,更是国际足联第一次指定的官方腕表生产商。在群雄逐鹿的世界杯赛场上,宇舶的品牌标识耀目显现于裁判计时牌上,以每场最少 2 次、最多 8 次的频率,精确显示了每一名替换上下场的队员和伤停补时时间。作为 2018 俄罗斯世界杯官方计时及官方腕表,宇舶表受国际足联的委托,专为此次世界杯定制了 Big Bang 2018 年俄罗斯世界杯裁判腕表(见图 3.31)。这款限量 2018 枚的腕表采用经典的 Big Bang 系列设计,包括轻盈钛金属打造的标志性轮廓、饰于表圈之上的 6 颗 H 型螺钉,以及凯夫拉纤维夹层。

图 3.31　宇舶 Big Bang 2018 年俄罗斯世界杯裁判腕表

　　腕表预设 32 支世界杯决赛圈球队专属表盘,并配备多种提醒功能,包括赛前 15 分钟提醒、红黄牌判罚、球员替换以及进球。产生进球时,腕表会立即产生震动并显示“GOAL”字样。比赛期间,表盘还可以显示诸多赛事数据,包括比分、红黄牌数量、进球球员姓名、球员替换情况以及比赛已进行时间等。裁判员使用的腕表除拥有 2018 枚对外发售的限量腕表的所有功能以外,还将关联门线技术,该技术依托电子视频辅助系统追踪足球的全部轨迹,帮助裁判员判定足球是否完全穿过球门线。在绿茵场上,宇舶也将一如既往为赛事提供大力支持。严谨专业的特点使宇舶面对如此重大的世界级比赛,依旧保持最精准的计时等多种复杂功能,使之成为当之无愧的世界杯"御用"专业计时器。

除了足球,宇舶还与高尔夫球运动所推崇的亲近自然、低调奢华的调性产生了共鸣,在不断创新的道路上,宇舶为专业高尔夫运动打造了全新 Big Bang Unico 高尔夫球腕表。此款高尔夫球腕表是与冠军高尔夫球手达斯汀·约翰逊(Dustin Johnson)合作推出的(见图 3.32),该款腕表具备记录杆数和洞数等功能,这个专为高尔夫比赛而设计的腕表功能由宇舶自主研发一个新模块来完成。它被称为 MHUB1580,具有 72 小时的动力储备。2019年 11 月 2 日,宇舶在北京北湖九号高尔夫俱乐部举办了 2019 宇舶表高尔夫杯,推出了宇舶表全新 Big Bang Unico 高尔夫腕表,腕表跨界高尔夫领域,以全新姿态共同探索制表精神。

图 3.32　Big Bang Unico 高尔夫球腕表和达斯汀·约翰逊

宇舶一直以"聚焦多元化"为品牌差异化战略。宇舶聚焦并坚持于体育营销领域的跨界合作,"多元"意味着追随宇舶表的潜在用户,他们在任意一个领域活跃,宇舶都会出现在此处。宇舶全球首席执行官让-克劳德·比弗(Jean-Claude Biver)曾说过:"足球运动对于奢侈品品牌而言是一个非常好的品牌定位点和平台,在它庞大的观众群体里面,不仅有位于金字塔顶端的消费者,也有很多目前位于金字塔中部的潜在用户。更重要的是,让宇舶更着眼于未来,现在热爱足球的孩子们将来是这个社会的中流砥柱,也有可能成为宇舶的未来用户。"

2) 劳力士

1908 年成立的劳力士比年轻的宇舶历史悠久得多。据说曾有这么一句流行语:"不管懂不懂腕表,买劳力士腕表就一定没错。"由此可见劳力士在高端腕表界的显赫地位。

如今劳力士已经发展为拥有 15 个产品线品牌系列的高端腕表品牌之一,产品线包括经典腕表系列的日志型、星期日历型、切利尼、女装日志型、Pearlmaster、蚝式恒动型和 Sky-Dweller,以及专业腕表系列的游艇名仕系列、宇宙计型迪通拿系列、潜航者、海使/深潜型、探险家型、格林尼治型 II、空中霸王型和 Milgauss(见图 3.33)。

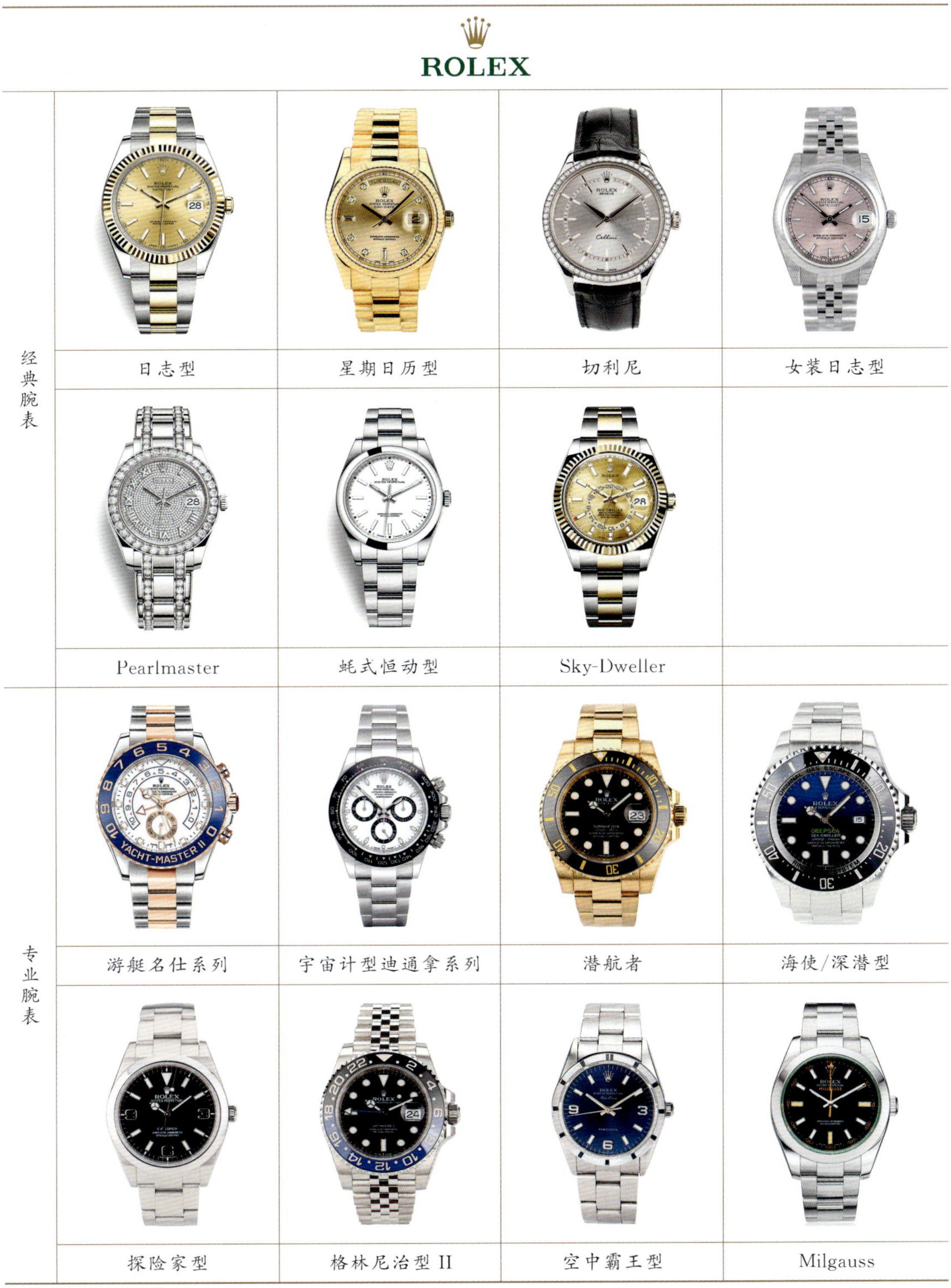

经典腕表	日志型	星期日历型	切利尼	女装日志型
	Pearlmaster	蚝式恒动型	Sky-Dweller	
专业腕表	游艇名仕系列	宇宙计型迪通拿系列	潜航者	海使/深潜型
	探险家型	格林尼治型 II	空中霸王型	Milgauss

图 3.33　劳力士产品系列

创始人汉斯·威尔斯多夫(Hans Wilsdorf)在当时腕表精准度不够的背景下,预示腕表不但可展现优雅风格,同时还能精准可靠。他希望为腕表取一个简单易读的名字,任何语言都容易记得,而且在腕表机芯和表盘上美观悦目。"劳力士"的名字由此诞生。威尔斯多夫发明的蚝式表壳在当代制表史上是一个重要的里程碑,此装置由劳力士在1926年发明,装配专利下旋式外圈系统、底盖及中层表壳的表冠,是全球首款用于腕表的防水表壳,由此,劳力士奠定了在钟表界的顶尖地位。

劳力士的品牌定位是顶级腕表品牌,与宝玑、宝珀、江诗丹顿等相媲美,但在一些消费者心目中,劳力士一度被贴上了"土豪"的标签。他们往往忽略了劳力士腕表能够得到富裕人群青睐与关注的真正原因:极高的稳定性、精准度和保值性,这些才是劳力士的产品定位与其真正脱颖而出的亮点。除了最受关注的劳力士金表系列,一些钢款腕表也毫不逊色,如陶瓷圈宇宙计时迪通拿系列与以识别度极高的绿色表盘和极强的防水深度而被戏称为"绿水鬼"的潜航者系列等。劳力士蕴含的历史、工艺与文化价值,是很多腕表品牌不能比拟的。

20世纪20年代,威尔斯多夫就提出劳力士品牌邀请代言人和进行体育赞助的设想,他坚信体育与时计密不可分,将品牌定位和形象与名人和体育赛事结合起来。威尔斯多夫最早提出这样的理念,并付诸行动。劳力士自然也比其他品牌有更多的机会选择适合自身文化的体育赛事:网球、高尔夫、赛艇、马术、赛车和滑雪。

宇舶和劳力士为全球文化、科学及探险领域带来了持续且独特的贡献,它们已经不仅仅是腕表品牌,而是文化和精神的代表。

思考与探索

1. 钟表作为传统行业,为何宇舶如此勇于创新?

2. 劳力士以技术创新打造品牌,为何如今产品系列更新相对慢很多?

3. 为何宇舶和劳力士如此热衷于赞助体育赛事,它们有什么共同点吗?

第 4 章

高端腕表品牌形象构建：渠道与传播

　　对于高端腕表而言，建立高雅、尊贵或独特的品牌形象是重中之重，像前三章研究案例中百达翡丽、江诗丹顿、宇舶和劳力士那样。品牌形象（brand image）是很多企业（甚至包括奢侈品公司）会不经意间忽视的重要元素。为了传递品牌形象，腕表公司会谨慎地选择销售渠道，也会通过特殊的传播方式展现品牌的魅力，如高雅艺术活动、新款腕表发布会、酒会等。同时，互联网时代给高端腕表品牌带来的风险与机遇也成为腕表公司的关键议题。

4.1 奢侈品品牌形象构建

奢侈品品牌形象的构建是其传递文化的重要组成部分。奢侈品品牌形象代表整体品牌的气质,植根于背后深厚的文化积淀。奢侈品品牌形象的构建要素包含九大方面——品牌标志性、产品创新性、设计专有性、品牌传播、品牌溢价、排他性、环境和服务、历史传承性及文化开放性(见图4.1)。

1)品牌标志性

与人类身份相似,品牌也被归类为具有身份。品牌识别与公司内部对品牌的自我认知相对应,这恰好决定了品牌应如何对外部目标群体构建品牌形象。与大众市场定位相比,品牌识别不是市场研究的结果,而是代表了公司的内在愿景和信念。一个奢侈品品牌并没有根据消费者调查来定义和不断调整自己,但它是以身份为导向并引以为傲的。作为品牌识别的另一极,品牌形象与其目标群体对品牌的公众认知相对应,是其全球营销战略和其他消费者对品牌体验的结果。品牌识别的要素大致可分为两个主要部分:物理功能成分和抽象情感成分。

物理功能成分涵盖了以产品为载体的品牌联想,并且可以进一步衍生到附属的品牌特质和品牌效益。品牌属性包括品牌产品的功能特征。它意味着功能性和社会心理上的品牌优势,如江诗丹顿突出的"马耳他十字星"标识,传达出其自建立以来所推崇的独立勇敢的骑士精神,显示出佩戴者的社会地位。

情感抽象成分包含了品牌的非功能性特征,可以进一步区分为品牌调性和品牌符号。由于奢侈品品牌的非功能性联想在很大程度上与人的个性特征有关,因此品牌调性在很大程度上与品牌个性的概念相对应。有人认为,没有其他产品类别具有类似的象征意义,奢侈品品牌往往超过了功能产品的利益,如宝玑被视为具有超群品位的优雅绅士的配备。

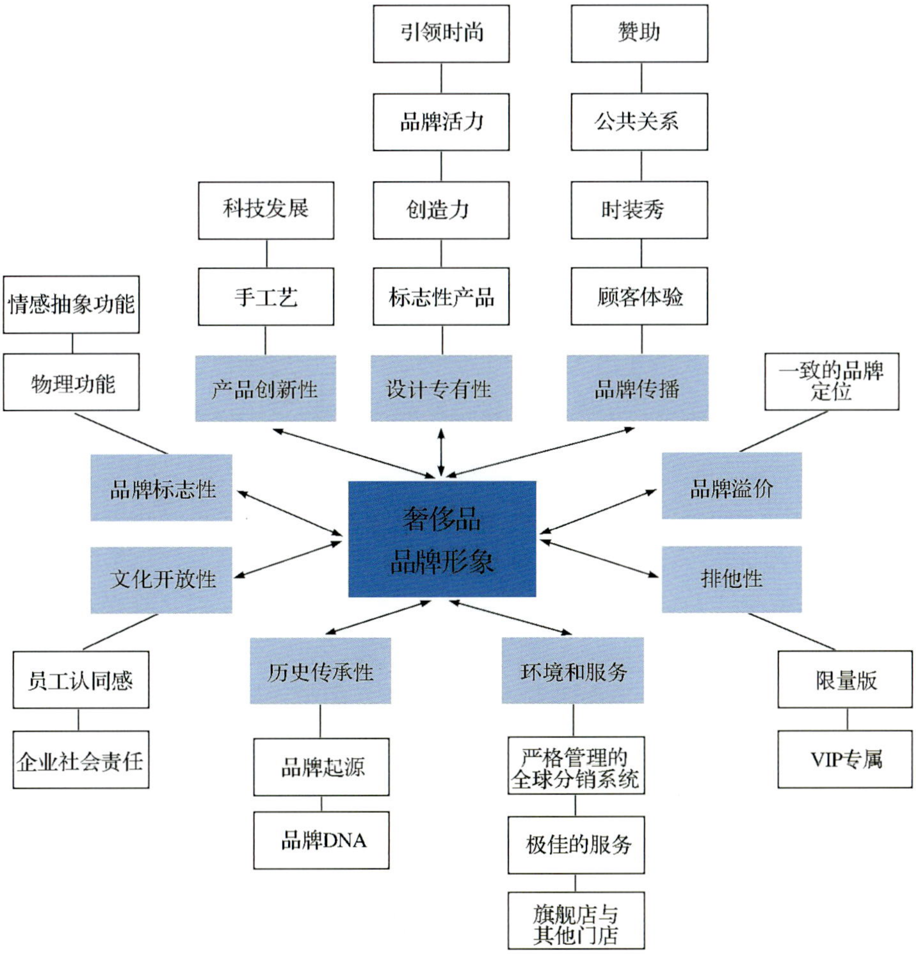

引领时尚　　赞助

品牌活力　　公共关系

科技发展　　创造力　　时装秀

情感抽象功能　　手工艺　　标志性产品　　顾客体验

物理功能　　产品创新性　　设计专有性　　品牌传播　　一致的品牌定位

品牌标志性　　　　　　　　　　　　　　品牌溢价

奢侈品品牌形象

文化开放性　　　　　　　　　　　　　　排他性

员工认同感　　历史传承性　　环境和服务　　限量版

企业社会责任　　品牌起源　　严格管理的全球分销系统　　VIP专属

品牌DNA　　极佳的服务

旗舰店与其他门店

图 4.1 奢侈品品牌形象的构建

2）产品创新性

拥有一脉相承并能不断创新的高超手工艺，是奢侈品品牌的立足之本，也是重要的商业卖点。经典的爱马仕铂金手袋要由同一个工匠用一种祖传的、流水线和缝纫机完全做不出来的、名为"双骑马钉"的针法一针一针花费三天时间才能完成。如今随着时代的演变，奢侈品品牌也需要向高科技靠近，吸引更多的潜在消费者。未来腕表行业的发展趋势也不是一成不变的，而是在不断变化。立足根本，传承经典，凝聚匠心，展望未来，腕表行业故事的发展永远未完待续。

对于拥有深厚历史底蕴的奢侈品品牌而言，创新是确保一个品牌在拥有了几十年甚至几百年的文化积淀后，能够继续在市场内保持活力的必要条件。随着科技的发展，机器在很大程度上代替了人力,大批量生产确保了产量,替代了效率低下的手工艺,但这些冰冷的机器同时也带走了经匠人之手、凝聚匠人心血的手工艺制品上的那丝温度。虽然时代在变迁,科技不断渗入生活的方方面面,爱马仕和香奈儿却几十年如一日,始终坚持手工制作,宣扬工匠精神。通过温暖的精湛手工艺传承其品牌文化的同时,这些奢侈品品牌为顾客带来了结合美学与体验的产品与服务。

3）设计专有性

奢侈品的设计更鲜明地体现出当代美学文化的核心。人类生来便具有审美性,奢侈品的设计需要满足人们的审美需求。英国男装品牌赫迪雅曼(Hardy Amies)有这样一句品牌标语:"任何体型的人都能穿得很漂亮……无论是肩形、胸形还是腰部,设计合身是最关键的。"因此,充分掌握产品外在的审美设计,带给人们一种愉悦的感觉,都是设计师需要考虑的因素。随着时代的进步,人们的思想随着时代的潮流不停地更迭,美学的文化也在不断演变。贵族风、简约风、复古风,这些不同的风格在不同时代碰撞,在不同时代各领风骚,这些都是设计师需要关注的美学文化的因素。设计奢侈品时要注重品牌的历史传统和当今潮流,制造出一种高贵而又符合当代流行风潮以及美学文化的奢侈品。

博柏利(Burberry)全新"TB"印花的排列方式不仅制造了强烈的视觉冲击力,还满足了年轻消费者在信息洪流中对简化信息的需求。博柏利全新的品牌形象还通过 Instagram、微信、Line 和 Kakao 等社交媒体账号和应用程序多平台限时发布。为了成功地瞄准富裕的千禧一代消费者,博柏利使产品线多样化,并做出显著的风格变化,同时保留品牌为大家所熟知的永恒美感。品牌重新推出的效果是惊人的,博柏利的营收翻了一番,并成功地将品牌定位为新型奢侈品品牌。

4）品牌传播

品牌传播对奢侈品品牌而言是一把双刃剑,品牌传播虽然可以提高知名度,从而增加销售额,但过度地将品牌暴露给目标客户会使品牌形象稀释。因此,奢侈品品牌需要在保持品牌专营权的同时保证品牌的可见性,即让品牌能够被真正或潜在的顾客看到、听到、想到,从而将品牌植入这些人的记忆之中。

奢侈品公司常年通过一些品牌传播工具来传递品牌价值信息,如发布会、艺术秀、照片、慈善活动、公关活动、VIP 活动等。此外,奢侈品品牌还需要能够识别出那些会影响其他人意见的客户,于是品牌大使和品牌挚友的概念便油然而生。随着时代的进步和发展中国家市场的兴起,采用品牌大使的奢侈品品牌越来越多,品牌挚友人数也逐步增加。两者的区别是前者担任整个品牌的形象大使,后者只在某一产品系列或一次品牌活动中担任形象代表。

绝大多数耳熟能详的腕表品牌（除百达翡丽、江诗丹顿等外）在中国市场，都邀请了明星担当品牌大使或挚友，其中年轻明星占据了半壁江山（见表 4.1）。

表 4.1　曾担任高端腕表品牌大使/品牌挚友的华人明星

品牌	品牌大使/挚友
爱彼	鹿晗
宝格丽	舒淇、刘嘉玲、吴亦凡、蔡依林
卡地亚	张震、鹿晗、马思纯、刘德华、倪妮
萧邦	刘涛、王源、朱一龙
万国	张钧甯、周迅
积家	井柏然、倪妮、赵薇、姜逸磊
欧米茄	刘诗诗
沛纳海	霍建华
伯爵	胡歌

不过，非常重要的是，奢侈品品牌邀请明星成为品牌大使并不意味着抓住了目标消费群体，更不是成功地打造奢侈品品牌形象的最佳方式。相反，让明星代言奢侈品品牌往往是奢侈品公司急功近利的表现。事实上，一些年轻明星不符合品牌原有的气质，这对奢侈品品牌形象的构建十分不利；若明星出现了丑闻或遇到个人品牌危机，那将对奢侈品品牌造成极其严重的负面影响。

5）品牌溢价

任何一种奢侈品的成本占整体价格的比例都很小。人们购买奢侈品完全是为了满足他们社交或精神层面的自我实现等高层次需求。从某种意义上说，奢侈品的高溢价不是因为产品本身，而是产品所富含的、能够带给消费者的情感，如百达翡丽腕表的价值在于尊贵和世代传承的精神。

奢侈品品牌通过溢价不断地设置消费壁垒，使认识品牌的人与实际拥有品牌的消费者在数量上形成巨大反差，这正是奢侈品品牌的秘密所在。奢侈品品牌就是"梦寐以求，少数拥有"。

6）排他性

特别限量版的物品往往成为珍藏收藏家的作品，并在过去几年中大幅增值。事实上，缺乏产品可用性并不会对其他主流品牌的奢侈品品牌产生负面影响。它对少数几家的有限供应使其对目标客户更具吸引力。如长时间的等候名单从未阻止爱马仕的爱好者,她们经常会等待数年才有权购买一款稀有皮铂金包;顶级豪华汽车品牌也通常采用了高价格、长等待时间的策略,从而打造其品牌形象。

7)环境和服务

没有任何奢侈品品牌可以忽略支持其产品的服务元素。花在奢侈品上的费用意味着顾客对品牌提供高质量服务有着极高的预期。这也创造了顾客和品牌之间的关系。品牌忠诚度源于反复的积极体验。沟通不应该在出现问题时发生。它应该在一切正确时发生,并且在与顾客的接触过程中有更多机会可以强化。为了打造凝聚性的奢侈品形象,日益趋同的店面设计被采用,设计师使用大量的金色、银色和光泽营造出幽雅和洁净感。

8)历史传承性

时间是理解奢侈品品牌形象的关键因素。对奢侈品品牌而言,时间维度的根本在于传承。品牌的历史证明了它的自身实力以及生存的能力。在一个混乱无序的世界中,时间本身就是值得让消费者信赖的证明。

品质的精髓在于持久。一只顶级腕表可以使用很久,可以传代,这是高端腕表品牌传播的核心。如历史悠久的腕表品牌宝珀(1735 年)、雅克德罗(1738 年)、江诗丹顿(1755 年)、宝玑(1775 年)、芝柏(1791 年)、名士(1830 年)、积家(1833 年)、百达翡丽(1839 年)比绝大多数皮具和时装品牌创立时间都要早很多。百达翡丽的广告语也传达了传承的精神:"没人真正拥有百达翡丽,只不过为下一代保管而已。"

9)文化开放性

奢侈品品牌要加强不同文化间的交流,而不是闭门造车,对于文化多样性的培养更是一个长期的课题,奢侈品品牌必须继续文化多样性这一重要对话,才能真正得到消费者的认同与喜爱。奢侈品品牌拥有顶级文化品牌价值,它们的产品拥有艺术性,且创造并引领流行和消费趋势。顶级奢侈品品牌在一开始会创造一个较高的价值点,一旦树立了自己的品牌优势,它将长期占据,并保有自己的优势。

在社会文化的转变来临之时,新的文化、消费和流行趋势会形成,如果品牌并未积极针对这种趋势升级品牌,则其品牌形象将会逐渐衰弱,直至消失。

4.2　高端腕表渠道管理

对于传统渠道而言,腕表公司的渠道选取直接影响了其他所有市场营销策略。科学地进行分销商决策,合理地选择分销渠道,有利于在市场中确立竞争优势。

如今,腕表行业主要传统渠道模式有如下四种:

(1) 腕表工厂 → 地区总代理商 → 腕表批发商 → 腕表零售商 → 终端消费者。

(2) 腕表工厂 → 地区总代理商 → 腕表零售商 → 终端消费者。

(3) 腕表工厂 → 地区总代理商 → 终端消费者。

(4) 腕表工厂 → 终端消费者。

腕表工厂、地区总代理商、腕表批发商、腕表零售商与消费者和品牌溢价能力的关系如图 4.2 所示。

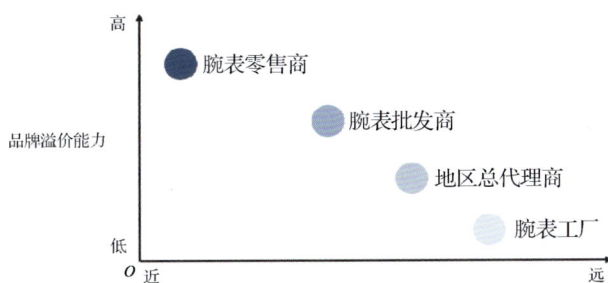

图 4.2　腕表工厂、代理商、批发商、零售商与消费者和品牌溢价能力的关系

对于中国本土腕表生产商,他们一般采用(3)(4)两种渠道模式,而国外进口高端腕表品牌对四种模式均有采用。一些高品牌知名度的高端腕表,为了摆脱零售商,经常设立腕表专卖店,直接与终端消费者接触,如欧米茄和浪琴。此类营销渠道创造了良好的现金流,更容易树立腕表的品牌形象,更方便销售人员的管理和货品的管理,让企业更接近市场,更了解市场,也更能为消费者提供所需的产品和服务。

而随着竞争的进一步加剧,终端销售渠道成为稀缺资源。此时,供应商在与零售商的谈判中处于不利地位,为了获得更多货品展示柜台、更加有利的柜台位置及更快速地实现销售,供应商往往只能顺应零售商的要求。尤其是一些占据优越地理位置、拥有良好口碑、购物环境极佳的大型百货商场以及高档购物中心,都成了众多供应商追求的对象。

每个市场有每个市场的特点,每个地区消费者的观念和消费习惯不同,对腕表品牌的理解也不同,所以在制定各地营销策略时要因地制宜。如今,"决胜终端"已逐渐成为流通领域的一种营销潮流,未来企业网络建设的潮流必将以强化终端建设和快速反应能力为目的。一个腕表品牌消费终端是否有效,取决于能否为品牌带来利润,或者能否提升品牌形象。两者必居其一,否则就是无效终端。减少无效终端,利用有效的资源,要加强和完善有效终端的建设。

4.2.1　传统渠道策略

腕表公司会根据公司的发展战略,预测目标消费群的分布,因地制宜地选择不同渠道,包括旗舰店、普通直营店、经销商与代理商门店。在奢侈品行业,一旦一个城市被选定,店铺所在的位置就比较容易确定了。旗舰店、普通直营店一定会设立在高端幽雅的街区,经销商和代理商门店有独特的入驻要求,和皮具、时装奢侈品品牌有所不同,高端腕表公司几乎不会开设奥特莱斯门店。

1）旗舰店

很多高端腕表品牌的首家旗舰店(flagship store)位于该品牌的诞生地,如日内瓦市中心罗讷街(Rue du Rhône)、富斯特利广场(Place de la Fusterie)等瑞士最繁华的商业街。作为奢侈品的集散地,许多高端腕表品牌如江诗丹顿、罗杰杜彼、欧米茄等旗舰店设置于这些街区,向世界游客展示日内瓦城的魅力(见图 4.3)。

图 4.3　江诗丹顿(左)和罗杰杜彼(右)位于日内瓦的旗舰店

旗舰店是最高级别的品牌形象展示店,所处地段最佳,高端并且幽雅,是代表这个品牌或某大类商品的专卖店或专业店。旗舰店营销已成为产品塑造形象并让顾客感动的方式,在这个精心打造的圣殿中,凭借撼动人心的体验,遇见品牌、认识品牌、认同品牌,进而崇拜品牌。

2）普通直营店

普通直营店可细分为独立门店和特殊展厅。独立门店也称精品店，如宝格丽和卡地亚的精品店（见图 4.4）；特殊展厅如百达翡丽在日内瓦、巴黎和伦敦的沙龙特殊展示（见图 4.5）。它们的建立不一定与品牌发源地息息相关，但它是品牌力的一种象征，向消费者和潜在顾客展示品牌可以在高端街区开设店面并盈利的能力。这是腕表品牌实力与公司雄心的象征，也是为了向城市展现品牌文化与创意灵魂。

图 4.4　宝格丽和卡地亚的精品店

图 4.5　百达翡丽在日内瓦、巴黎和伦敦的沙龙特殊展厅

百达翡丽选择日内瓦、巴黎、伦敦这三座享誉世界的人文城市中的高端街区——罗讷街、蒙田大道、郝德街，设立雅致怡人的钟表展厅——沙龙。每个特殊展厅均以自身独特的建筑细节呈现公司的个性风格及钟表作品，同时折射出所在城市的特有风格与鲜明个性，独具韵味，正如前来参观的客人一样。

任何一家奢侈品公司都拥有严格的流程和标准,即使面对如中国这样庞大的奢侈品市场,奢侈品公司对新开店铺的态度也往往是谨慎的,它们严格限制区域内独立门店和精品店的数量,以免泛滥而降低了门店的品质。故而各大奢侈品品牌除了会考虑诸多限制因素,区域内是否已经有足够的奢侈品门店,也成为制约其选址的一个条件。

3)经销商和代理商

经销商是指在某一区域或领域只拥有销售或服务的单位或个人。经销商具有独立的经营机构,拥有商品的所有权,获得经营利润,有时会经营多种不同品牌的商品。经销商的经营活动过程不受或很少受供货商限制,与供货商责权对等。由于人文环境、经济成本等原因,某些高端腕表品牌在部分地区设置了授权经销商,负责该地区的腕表经营业务。某些经销商规模较小,只负责本市的业务;而某些经销商规模较大,负责区域大至国家甚至全球范围。著名的腕表经销商包括 Tourbillon、Bucherer(布赫勒)和 Melchers。

Tourbillon 精品店(见图 4.6)在世界各地的精英度假胜地和零售区拥有独特的传统与现代相融合的店面设计,为游客提供来自斯沃琪集团的最负盛名的高端腕表,包括宝玑、宝珀、格拉苏蒂原创、雅克德罗、欧米茄等,为游客展示了陀飞轮、万年历、三问报时等伟大的钟表设计。同时,游客也可在 Tourbillon 精品店中选购海瑞温斯顿的特别表款。

图 4.6　位于瑞士洛桑(左)和土耳其伊斯坦布尔(右)的 Tourbillon 精品店

瑞士最大的手表连锁店布赫勒是一个有着百年历史的国际品牌,1888 年由布赫勒先生创立于瑞士卢塞恩(见图 4.7)。现在,集团的钟表珠宝零售业务与代理业务遍及瑞士、德国、奥地利等地,在钟表珠宝零售业居于领军地位。至今,布赫勒集团的总部仍然设在瑞士卢塞恩。布赫勒家族当年在卢塞恩开设的钟表珠宝店已搬迁到卢塞恩湖畔的黄金地段天鹅广场上。

图 4.7　布赫勒瑞士卢塞恩总部大楼

Melchers 是一家总部位于德国不来梅、业务根植于亚洲的、拥有悠久历史的多元化国际服务集团。该集团提供从营销和分销到采购、加工和生产的广泛的专业服务。其业务伙伴范围广泛，从大型知名跨国公司到寻求开拓新市场的高度专业化的小型公司。该集团在 13 个国家和地区（主要在亚洲）的 20 多个办事处雇用了 1 000 多名员工。

与经销商的运营模式不同，代理商的主要经营行为是代企业打理生意，赚取企业代理佣金。代理商不是买断企业的产品，而是获得厂家给予的额度；货物的所有权属于厂家，而不是代理商。

4.2.2　电子商务与数字平台

传统的营销渠道往往以高昂的成本、高价的商业地段、铺张的专卖店还要配合一些收费不菲的广告宣传以及公关营销，这些甚至已经占到奢侈品品牌成本的大部分。全球科技发展让整个行业越来越积极地拥抱互联网。金融、银行、保险、证券、基金等都已经引入了"＋互联网"概念，互联网的出现在传统的"连接人和人"基础上加入了"连接人和服务"。电子商务正式开拓了一个这样的新渠道，可以极大地降低成本进行营销，而且不受地域限制。

但奢侈品公司必须慎用互联网，使用电商平台是一个博弈的过程。互联网技术给奢侈品品牌带来的弊处十分明显，奢侈品之所以称为奢侈品，它的稀缺性和极强的体验性不容忽视。这也是为何主流级以上的奢侈品品牌不会过度介入互联网的重要原因。网络销售的所有优点，如即时、快速地变化更新、便捷、实用、优惠、自助服务、众包等，对于奢侈品公司来说都是缺点。奢侈品需要人们花费时间和精力才能得到，它只有实价而没有建立在虚高价格上的折扣。顾客乐意与销售员一对一沟通而不是与一台机器沟通。

然而,互联网带来的能量和影响是超乎想象的。现代城市的大街小巷随时可以看到低头捧着手机、步履匆匆的上班族;精致的咖啡馆中,白领们端着一杯醇香的咖啡,坐在电脑前,不间断地刷着微博、微信朋友圈、Instagram、Twitter 等各大社交平台;比起出门活动,年轻人更愿意窝在家中刷淘宝;虚拟现实的技术早已应用到购物中……生活在数字化之中的这一代人,不仅引领着新的生活方式,也让消费市场有了显著的转变。而在这样的现状下,奢侈品行业也正经历着一次深层次的变革。在这轮以"年轻化"为主题的变革之中,最值得关注的话题之一便是以奢侈品与电商结合为起点的数字化转型。与五年前相比,消费者在整个购物决策过程(发现→研究→购买→支付→交付→售后)中,已经呈现出高度数字化、高度分散的现象(见表 4.2)。

表 4.2　2013 年与 2019 年奢侈品在线购物平台对比

2013 年	2019 年				
	电商平台	品牌官方网站	社交平台	购物网站	线上闪购店
• Yoox • Net-A-Porter • Farfetch • eLuxury • 第五大道 • SmartBargains • 201td ……	• 寺库 • Luxury Pavilion • 第五大道 ……	• 爱马仕 • 路易威登 • 古驰 • 博柏利 • 杜嘉班纳 • 乔治阿玛尼 • 普拉达 ……	• 推特 • 脸书 • 微信 • 微博 ……	• Yoox Net-A-Porter • Farfetch • 24 Sevres ……	• 小红书 • SmartBargains • HIGO • 唯品会 ……

电商平台(如第五大道、寺库、天猫 Luxury Pavilion 等)、品牌官方网站(如爱马仕、路易威登、古驰、杜嘉班纳等)、社交平台(如推特、脸书、微信、微博等)、多品牌奢侈品购物网站(如路威酩轩集团旗下的 24 Sevres、历峰集团旗下的 Yoox Net-A-Porter、独立网站 Farfetch 等)和线上闪购店(小红书、SmartBargains、唯品会等)都见证了数字化在奢侈品行业中的快速崛起。

高端腕表作为奢侈品中的重要组成部分,由于价格与市场的特殊性,其进军网络电商平台的问题一直备受关注。目前,天猫和京东是中国国内两家最大的腕表电商平台,其产品份额大约占国内市场的 80%,微信、寺库、唯品会及各品牌官网等平台瓜分了其他的份额。表4.3 和表 4.4 分别列举了三大奢侈品集团中入驻天猫、京东和微信的腕表品牌,以及进驻电商平台的高端腕表品牌。

表 4.3　三大奢侈品集团中入驻天猫、京东和微信的腕表品牌

集团名称	天猫	京东	微信
斯沃琪集团	斯沃琪、天梭、美度、浪琴、雷达		
历峰集团			卡地亚、积家、万国、沛纳海、万宝龙
路威酩轩集团	泰格豪雅、真力时	泰格豪雅、真力时	

表 4.4　进驻电商平台的高端腕表品牌

品牌	天猫	京东	微信	官网
卡地亚			√	√
万国			√	
积家			√	√
浪琴	√		√	
万宝龙			√	
沛纳海			√	√
伯爵			√	√
泰格豪雅	√	√		
真力时	√	√		
百年灵	√			
亨利慕时		√		

斯沃琪集团作为腕表集团与天猫、京东进行了广泛的合作。旗下天梭品牌作为斯沃琪集团在中国电商领域的试水品牌，于 2017 年 1 月率先登陆天猫，之后半年中，天梭天猫官方旗舰店销售呈高速稳定增长。随后，斯沃琪集团下的品牌斯沃琪、浪琴、美度、雷达都相继入驻天猫平台，并开始多样化的营销尝试。旗下汉米尔顿、天梭、美度、雪铁纳、雷达等品牌授权店入驻京东。然而，其顶级品牌仍未试水电商。

2018 年 4 月 9 日，爱彼宣布携手京东在华推出全球首家线上限时店。线上限时店以爱彼官方微信小程序呈现，提供四款新作，于限时店全球首发。4 月 10 日，爱彼全球行政总裁弗朗索瓦-亨利·本纳米亚斯（François-Henry Bennahmias）与京东集团董事局主席兼首席执行官刘强东，共同以尊贵的"白手套"服务为首位在爱彼线上限时店下单客人带来意外惊喜。然而，本次活动仅仅是限时活动，爱彼并未在各网络平台设置授权店。

浪琴和斯沃琪于 2018 年开设了天猫旗舰店，天梭品牌在"双十一"购物节单日销售量突

破1 000枚。又如泰格豪雅，全部计时产品可以通过其授权的在线零售商 Tourneau.com 及 Barmakian.com 订购。泰格豪雅称这一首创行为将使其成为首家实现所有奢华钟表产品在线安全购买的商家。参与这次首发电子商务的零售商说这一行为将帮助泰格豪雅将生意扩大至新的渠道。正如路威酩轩集团腕表与珠宝部门北美区的总裁兼首席执行官乌尔里希·沃恩（Ulrich Wohn）所说，电子商务计划为泰格豪雅的顾客提供在线购物的极大便利，所提供的安全保障与优质服务完全可以和消费者最喜爱的零售商相媲美。目前，亲民、中端腕表与电商平台合作广泛，部分中高端腕表逐步试水电商平台，而高端、顶级表仍持观望态度。

从互联网时代的观点来看，无论是线上还是线下，最终的服务对象都是消费者。优质的产品、温馨的服务才能向消费者提供最好的品牌价值输出。然而互联网快速消费的观念与高端腕表的传统与传承又有些矛盾，高端腕表品牌仍在不断探索传统与现代的调和。

4.3　高端腕表品牌传播策略

奢侈品品牌创建是一个系统工程，需要激情、智慧与信念。品牌的强大取决于品牌领导力。对于高端腕表品牌建设工作，顾客对品牌标识的综合感知与品牌所传达出的信息相匹配，这一点至关重要，因为它提供的是一个具有一致性且给人自我强化感觉的品牌形象。腕表公司需要确保品牌即使在困难时期也保持强劲，并提供符合品牌承诺的价值。

4.3.1　传统品牌传播策略

消费者对腕表品牌的认知源于腕表公司明晰精准的定位并准确、一致地向顾客传达品牌信息和品牌效益，最后腕表公司会利用品牌资产进行品牌延伸、跨界创新或品牌融合（见图4.8）。这就是品牌传播的四个阶段，即 PCDL 模型。

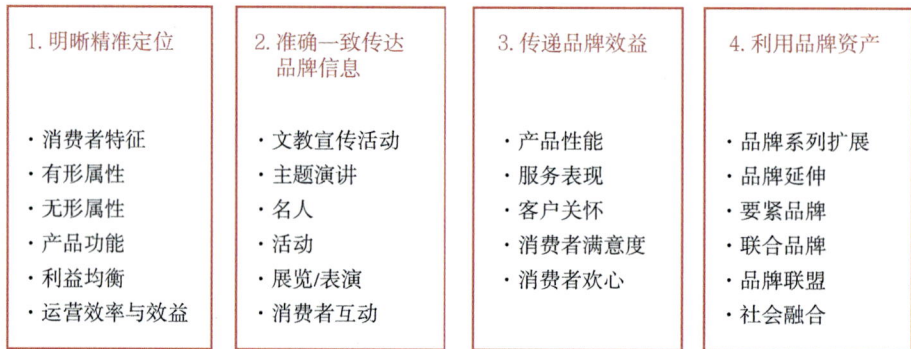

1.明晰精准定位	2.准确一致传达品牌信息	3.传递品牌效益	4.利用品牌资产
·消费者特征 ·有形属性 ·无形属性 ·产品功能 ·利益均衡 ·运营效率与效益	·文教宣传活动 ·主题演讲 ·名人 ·活动 ·展览/表演 ·消费者互动	·产品性能 ·服务表现 ·客户关怀 ·消费者满意度 ·消费者欢心	·品牌系列扩展 ·品牌延伸 ·要紧品牌 ·联合品牌 ·品牌联盟 ·社会融合

图 4.8　关于品牌传播的 PCDL 模型

（资料来源：GHODESWAR，BHIMRAO M，2008. Building brand identity in competitive markets：a conceptual model[J]. Journal of product & brand management，17(1)，4 - 12.)

其中，以广告为主的品牌传播手段，是产品属性、产品价格、产品设计和销售渠道等诸多要素的综合，任何要素的微妙变化都会影响到品牌形象。高端腕表品牌不会"自降身价"，去拓展大众化定位的传播和销售渠道。品牌的重要性无须赘言。为了塑造并保持自身的高端属性，腕表品牌需要通过传播活动向大众、目标市场及消费者投射出统一的品牌形象和定位。广告宣传、数字化营销和公关活动都是服务于此的重要传播方式。

1）广告传播

对高端腕表品牌的营销传播而言，帮助消费者形成认知，引发情感共鸣并转化为最终的购买行为是一种典型路径。认知反应模型能够直观地说明这一过程：消费者在接触到广告后，对产品及相关信息、传递信息的主体（信息源）和广告本身的想法会影响到他们对品牌和广告的态度，而品牌和广告又会相互作用，直接影响消费者最终的购买行为。

将消费者的各类认知反应和态度归类并投射到高端腕表的营销传播活动上，我们会发现品牌形象、广告内容与传播渠道三个方面与消费者对营销传播的认知反应联系最为密切。前两者是消费者形成认知和态度的基础，后者则直接关系到广告的曝光效果。

2）公共关系

根据艾瑞咨询的《2019 年中国高端腕表消费研究报告》显示（见图 4.9），名人代言是年轻消费者最喜爱的品牌传播内容。若代言人本身具有一定的可信度和吸引力，那么他们作为信息源将极大地带动产品销售。以斯沃琪为主的多家高端腕表集团在 2018 年年报中对旗下中国区品牌大使参与的发布会事件做出回顾，足见企业对中国市场名人代言的重视。

在中国，许多娱乐明星拥有数量庞大的年轻追随者，他们在社交媒体上表现活跃，还乐于转发娱乐明星的活动消息并参与到有关营销事件当中。因此，结合名人代言的社交媒体传播可以在短时间内迅速放大高端腕表的品牌知名度，培养年轻的消费群体并帮助他们建立品牌认知。

里查德米尔将重点聚焦于明星名人代言合作，其中体育明星占多数，例如赞助网球名将纳达尔（Rafael Nadal）、短跑名将约汉·布莱克（Yohan Blake）、F1 赛车手罗曼·格罗让（Romain Grosjean），赞助圣巴托帆船赛、和迈凯伦-本田签下 10 年合同、和阿斯顿马丁建立合作关系、成为勒芒老爷车赛主要合作伙伴和官方计时器、成为曼城足球俱乐部的首个官方计时合作伙伴……明星效应使得里查德米尔在各大媒体网络社交平台飞速扩散，品牌曝光度得到极大提升。在明星代言上所斥巨资立刻为它带来了众多追随者，这些明星追随者又带动了他们那些拥有超强购买力的粉丝，一起加入里查德米尔的大家族，使得它一度跃升为瑞士高端腕表行列内最闪耀的新星之一。

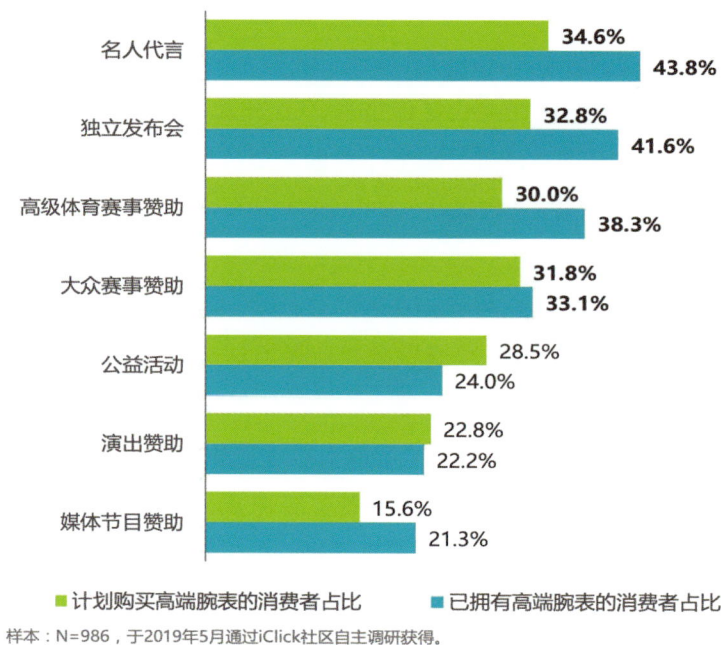

名人代言　34.6%　43.8%
独立发布会　32.8%　41.6%
高级体育赛事赞助　30.0%　38.3%
大众赛事赞助　31.8%　33.1%
公益活动　28.5%　24.0%
演出赞助　22.8%　22.2%
媒体节目赞助　15.6%　21.3%

■ 计划购买高端腕表的消费者占比　■ 已拥有高端腕表的消费者占比
样本：N=986，于2019年5月通过iClick社区自主调研获得。

图 4.9　中国高端腕表消费者喜爱的品牌传播内容

（资料来源：艾瑞咨询 iClick 社区自主调研，2019-5.）

3）数字化营销

电子商务（e-commerce）和电子服务（e-service）将是奢侈品品牌数字化销售的两个主要方向。奢侈品品牌在对电子商务谨慎前行的同时，将普遍加快其电子服务类项目的执行速度。电子服务将在奢侈品品牌提升品牌形象、留住核心客户、提高运营效率等方面发挥更大作用，利用互联网手段给客户提供更好的消费体验并提升销售将成为奢侈品数字化未来最主要的方向。

中国奢侈品权威研究机构财富品质研究院 2017 年首次发布《奢侈品品牌全球数字化报告》。报告显示，奢侈品品牌传播的数字化程度基本与品牌的市场影响力一致，大品牌是社交媒体的数字化传播大赢家。

作为消费主力军的 80 后及 90 后群体对视频服务、社交网络和综合咨询类 App 的使用频次较高。这些 App 的程序化广告定向较为精准，可实现的功能相对全面，更符合高端腕表的营销传播需求。其他年轻用户相对活跃的垂直类 App、小程序及自媒体也可作为高端腕表品牌的优质传播渠道（见图 4.10）。

视频服务

93.6%

月独立设备占比

TOP5 APP

45 024.2	41 675.1	26 652.1	24 998.9	19 591.8
爱奇艺	腾讯视频	优酷	抖音短视频	快手

■ 活跃设备数 / 万台

综合资讯

60.3%

月独立设备占比

TOP5 APP

19 519.5	17 831.9	11 501.8	7 696.7	6 404.7
腾讯新闻	今日头条	新浪新闻	网易新闻	搜狐新闻

■ 活跃设备数 / 万台

社交网络

55.2%

月独立设备占比

TOP5 APP

40 777.3	5 515.5	3 920.1	3 337.4	3 007.9
新浪微博	百度贴吧	小红书	知乎	探探

■ 活跃设备数 / 万台

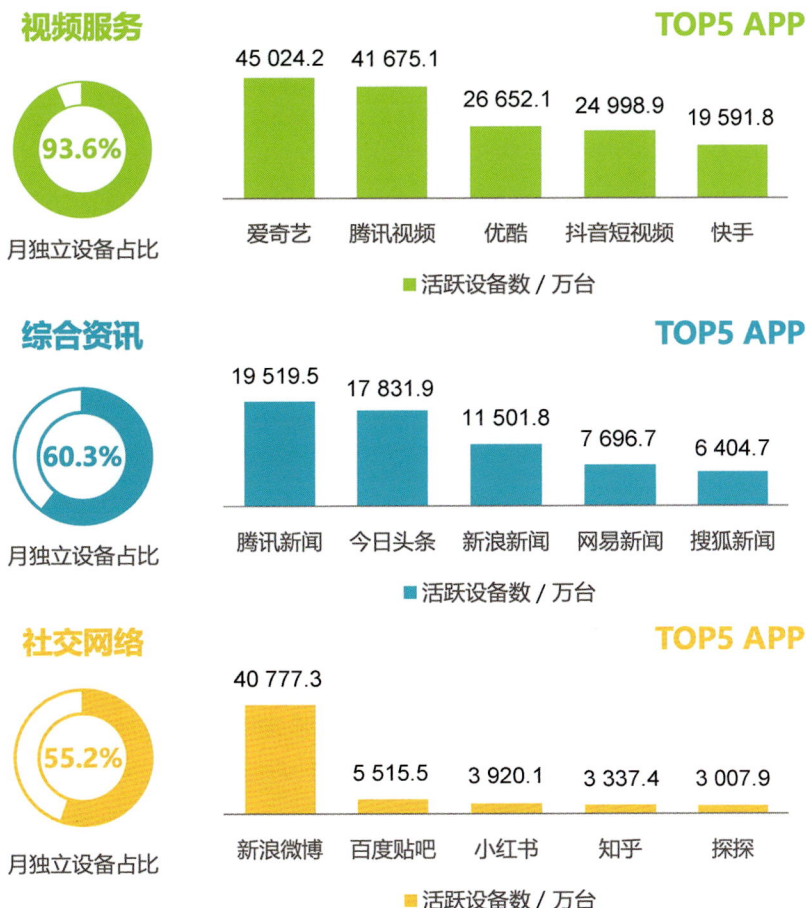

图 4.10　中国千禧一代常用的 App 使用情况（2019 年 3 月）

（资料来源：Usertracker 多平台网民行为监测数据库［桌面及智能终端］）

　　开通数字化渠道的目的，在于向年轻一代消费者传递品牌理念，并和他们建立良好的联系。由此，品牌的整体数字化渠道从功能角度可分为三大层面：品牌展示与传递、在线精品店以及消费者链接与体验。以品牌官网为核心，实现单方或双向导流。

　　以卡地亚为例，和所有奢侈品品牌一样，卡地亚会利用数字化平台去拓展品牌的知名度以辐射更多的受众，而最普通的方式莫过于通过微博平台，展示在品牌赞助下，明星们在电影节、杂志封面等各种公开场合下的穿着（见图 4.11）。不过，在此基础上，品牌数字化渠道布局展现更多的是突破。

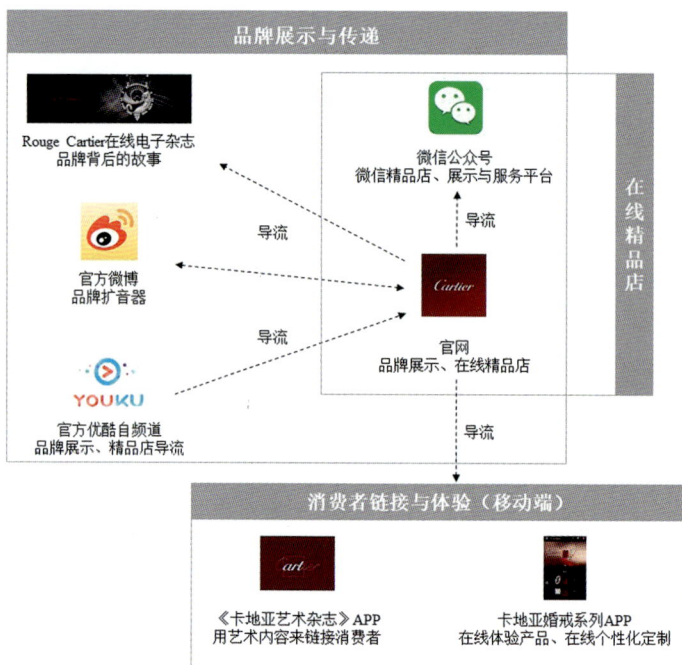

图 4.11 卡地亚数字化传播布局

（资料来源：EMMA F. 卡地亚，如何借助数字化完成品牌传播与消费者链接？［EB/OL］.（2016 - 06 - 23）
［2019 - 11 - 22］. https://socialone.com.cn/cartier-digital-method-2016/.）

4.3.2 品牌体验及其平台设计

奢侈品品牌一般都有一套复杂的服务接待流程（见图 4.12），销售顾问不仅需要向顾客详细介绍产品本身，还要适时宣传品牌历史，消除顾客可能存在的顾虑，尽可能地提升顾客的消费者剩余。这与品牌体验息息相关。

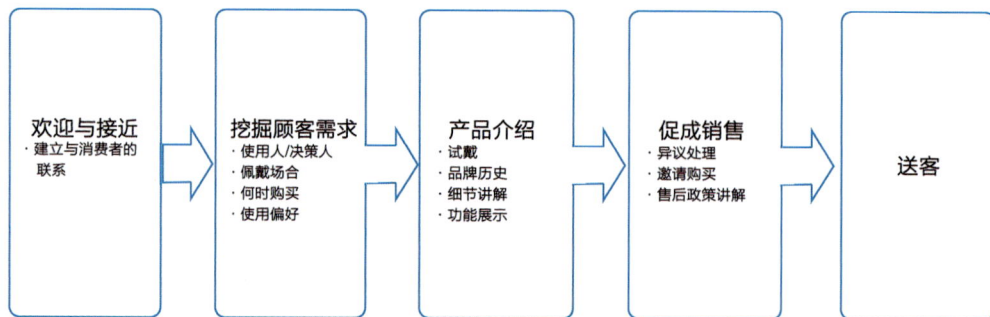

图 4.12 一套标准的线下服务流程

（资料来源：匿名. 你会选择在网上购买奢品腕表吗？——奢品腕表在如何布局电商［EB/OL］.（2018 -
03 - 19）［2019 - 11 - 22］. https://zhuanlan.zhihu.com/p/34707706.）

1）线下门店

线下门店，或者说全新的建筑语言表达、展览设计，无疑是讲述品牌故事、展示历史与梦想的有效载体，也是增强与消费者情感联结、提升个性化体验的重要方式。以江诗丹顿和卡地亚为例。

2008 年，江诗丹顿之家（见图 4.13）落成于上海的历史建筑淮海中路 796 号历峰双墅的东幢，是首家由高级制表品牌在中国创建的拥有开放式客户服务中心的精品店。集销售、客户服务、展览展示和阁楼工匠特别定制于一体的江诗丹顿之家，不仅陈列展售品牌全系列产品，为来自全国各地的顾客提供宾至如归的尊崇专属服务，更成为新品钟表及珍罕杰作亮相中国的首选之处。

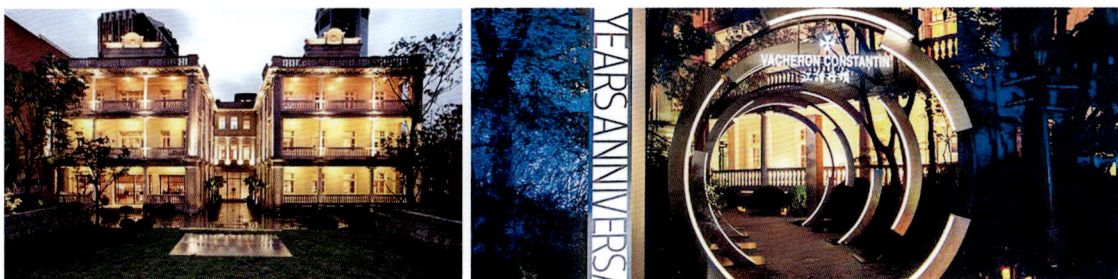

图 4.13　上海江诗丹顿之家

历峰双墅共有三层，右翼面积超过 400 平方米。店内富有现代感的暖色调搭配典雅传统的陈设，营造温暖而静谧的氛围。黑白双色的色彩搭配优雅考究，成就独具创意的装饰设计。踏入一层的陈列区可见一个富有艺术气息的大厅，凸显高级钟表的非凡气质。在此，人们可在旧式的壁炉旁回忆昔日上海的时光，欣赏墙上栩栩如生的油画，细细品鉴每一件腕表艺术杰作，感受江诗丹顿的传统制表精神。踏上木制楼梯通往第二层，是收藏家沙龙和客户服务中心。为传递表厂技艺传承的精神，由品牌培训的全职制表师带领顾客更深入地了解表厂及其历史传承。

伦敦新邦德街 175 号（175 New Bond Street），瑞士奢侈品集团历峰旗下、法国顶级钟表及珠宝品牌卡地亚的百年精品店坐落于此（见图 4.14）。它被称作品牌的三大"圣殿"之一（另外两座分别位于巴黎和纽约），堪称示范奢侈品新零售的"精华教科书"。为打造这间标志性的旗舰店，卡地亚花费了大量心血。

卡地亚从 2015 年开始筹备新邦德街店的翻新项目，2018 年 3 月正式启动，在历时 9 个月的翻新后，这家传奇老店于 2018 年 12 月 13 日重新开业。翻新后的新邦德街店共有 5 层，占地 7 275 平方英尺（约合 676 平方米）。

此次门店翻新由法国顶级建筑大师布鲁诺·默伊纳德（Bruno Moinard）先生操刀。卡地亚与默伊纳德团队共同构思了这家精品店的整体形象——秉承"融合现代与传统"的核心理念，凸显伦敦卡地亚独特的创新精神。

图 4.14　卡地亚精品店女士专区（左）和男士专区（右）

精品店不再只是售卖商品的地方，更是多元体验集合地。卡地亚一直非常注重与文化的关联，希望通过展览等活动，为消费者带来更深层次的体验。除了陈列高级钟表外，这里还可以用作展览空间（见图 4.15）。

图 4.15　卡地亚展览空间

卡地亚直接将私人公寓搬进了新邦德街店。如果说一层和二层还承担着门店的传统功能——购物，那么三层为 VIP 客户打造的私人公寓（La Résidence）（见图 4.16）则让这间精品店彻底区别于传统实体店，将个性化体验做到了极致。

图 4.16　卡地亚为 VIP 客户打造的私人公寓

　　私人公寓试衣间、客厅、餐厅、厨房、酒吧、洗手间和淋浴房一应俱全。厨房和酒吧相连，以复古的实木色调为主，配以一系列具有现代感的玻璃酒具。私人公寓仅限预约造访，旨在让客户享受多元化服务：既能在明星出席重要活动前，提供选择和试戴搭配礼服首饰的私密空间和相关服务，也能为重要客户举办休闲娱乐活动。从展览到私人公寓，所有元素让新邦德街店不只是购买卡地亚商品的地方，更成为一处独具魅力的文化地标和个性化体验目的地。

2）钟表展

　　一款腕表从展出到成为经典，最需要的是时间，高端腕表甚至需要几年、数十年的时间去印证其质量与文化沉淀——钟表展的诞生便提供了这种印证的平台。顶级钟表展就像一个顶级腕表品牌的竞技场，不仅可以从行业的角度引领钟表发展趋势和未来市场，而且使腕表爱好者更好地理解腕表的内涵。

　　腕表界有两大全球最知名的顶级钟表展，即每年 3 月左右举办的巴塞尔世界钟表珠宝博览会（Baselworld）和每年 1 月左右举办的日内瓦"钟表与奇迹展"（Watches & Wonders）。

　　（1）巴塞尔世界钟表珠宝博览会。

　　巴塞尔世界钟表珠宝博览会隶属于瑞士会展集团（MCH Group），其渊源可以追溯到最初于 1917 年举办的瑞士巴塞尔商贸样品博览会（Schweizer Mustermesse Basel，MUBA）。这一展会分布在巴塞尔的不同位置，用于展示瑞士工业的能力和产品。来自钟表和珠宝行业的 29 家参展商共同在博览会上展出了第一期展品，此后，参展商数量逐年增多。从 1931 年起，展会开始以"瑞士钟表展"（Schweizer Uhrenmesse）为名在瑞士巴塞尔商贸样品博览会单独设立自己的展厅。自 1973 年起，展会向来自全欧洲的参展商开放，因此获得了更大的增长：来自法国、意大利、德国和英国的公司首次前往巴塞尔展示产品。1983年，展会更名为"巴塞尔展"（Basel），并于次年独立设展。2003年，展会再次更名为"巴塞尔世界钟表珠宝博览会"。自此，该展会每年3月左右在瑞士巴塞尔举办，成为钟表业界年度重头戏。展会的总面积约为16万平方米，每年有2000多家展商参展，吸引近10万专业的观众买家和近2500家国际媒体。

然而，巴塞尔世界钟表珠宝博览会的举办并非一帆风顺，正面临着创办百年多来极其艰难的处境。自2010年—2020年4月，约1500个参展品牌离开巴塞尔表展，尤其近两年开始频繁传出重要参展商宣布撤出展会的负面消息：2018年，包括斯沃琪集团旗下的欧米茄、浪琴、宝玑在内的共计18个钟表品牌和配件供应商宣布退出巴塞尔钟表展，紧接着爱马仕钟表也宣布离开巴塞尔；2020年1月，路威酩轩集团旗下的宝格丽、宇舶、泰格豪雅和真力时四大腕表品牌在迪拜举办"首届路威酩轩钟表周"，显示出"脱离巴塞尔、积极求变"的信号；2020年2月，宝格丽与古驰以全球新冠肺炎疫情带来诸多不确定性为由，相继正式宣布退出展会；2020年4月14日，劳力士、百达翡丽、香奈儿、萧邦和帝舵五大高级制表品牌发表共同声明，宣布正式退出钟表展，并将在瑞士高级制表基金会（Fondation de la Haute Horlogerie，FHH）的支持下创办一个全新的腕表贸易展会。

2020年的新冠肺炎疫情在全球范围内的爆发加速了巴塞尔世界钟表珠宝博览会的危机，多个参展品牌指控表展母公司瑞士会展集团单方面取消原定于2020年4月30日—5月5日举行的第48届巴塞尔表展，并推迟至2021年1月举行。除了瑞士会展集团未与品牌方商议就做出改期决定以外，其不合理的退款政策也引发了众多腕表商的不满。瑞士会展集团只提供了两种退款选项：①将85%的资金结转到2021年展会，剩下的15%用于抵消已经产生的展会现金成本；②品牌方得到30%的现金退款，40%转入2021年展会，剩下的30%用来承担2020年展会的现金成本。多数已经交付费用的品牌联合通过欧洲制表定向委员会表示反对和不满。百达翡丽总裁蒂埃里•斯特恩认为"过去正确的事情现在不一定有用……百达翡丽与巴塞尔钟表展的愿景不再一致，太多的讨论和悬而未决的问题让双方的信任已不复存在。"诸多退出表展的腕表品牌高管也集体表明"巴塞尔近年来已经无法继续帮助他们与真实的市场需求之间保持紧密联系"。

（2）日内瓦"钟表与奇迹展"。

日内瓦"钟表与奇迹展"的前身是著名的日内瓦国际高级钟表沙龙（Salon International de la Haute Horlogerie，SIHH）。1991年，卡地亚公司带领其他四个高级腕表品牌名士、伯爵、尊达和丹尼尔罗斯离开了巴塞尔表展，在瑞士西南部的城市日内瓦独立举办了第一届沙龙活动。自此，这个小型活动在每年年初如期举行。少而精的沙龙逐渐吸引了江诗丹顿、沛纳海、万国等腕表品牌加入，逐渐成为与"巴塞尔表展"具有相同影响力的重大展会盛世。

日内瓦"钟表与奇迹展"会呈现高端腕表品牌当年最新发布的产品与趋势动态，为钟表行业的从业者、媒体、经销商、买家、收藏家和爱好者提供了独特的观展体验。强大的科技感是如今腕表展的重要趋势之一，高级腕表公司通过虚拟现实（virtual reality，VR）、全息投影、H5 等新技术的运用，把产品的制作过程、机芯配置等特点生动清晰地展示在用户的面前，让参展者更容易理解顶级腕表的产品特点。例如，万国和江诗丹顿在展台上采用了全息投影的新技术去呈现产品，相对于传统腕表零售店面的静态展示，腕表品牌商在展示区可以通过动态效果带来更加直观、炫目的视觉效果。又如雅典品牌，在其展区制作了实体的帆船，并配合全息投影的海浪，给用户带来逼真感受的同时，又能通过帆船的真实质感体现出手表的精致以及其用户的奢华生活方式（见图 4.17）。

图 4.17　雅典展区

随着高级腕表行业的发展，许多具备了极佳工艺、文化和设计的腕表品牌意识到需要把品牌的特点范围更广、更优雅地呈现出来，做了许多积极、有效的尝试，他们利用新技术提升了腕表爱好者和顾客的品牌体验，如连线全球制表师进行交流，或在现场通过新技术全面地展示产品的机芯特点等。这些都表明了越来越多的高级腕表品牌正在积极求变，而巴塞尔世界钟表珠宝博览会受欢迎程度的变化进一步见证了整个钟表行业面临前所未有的挑战。

研究案例　宝玑 vs. 宝珀

宝玑与宝珀各有千秋，"血统"高贵而纯正。宝玑表的创造者是享誉欧洲各国宫廷的制表大师，他因精湛的制表工艺而备受外交、科学、军事及金融界精英推崇，屡次受显赫人物委托创造独特的款式。而拥有 280 多年历史的宝珀对人们来说应该更不陌生，悠久的历史孕育了古典风格的钟表美学，它的系列表款一方面传承古典路线，另一方面融入更多现代元素，来创造新的款式，但无论哪一款都可以看出宝珀的传统与执着。

1）宝玑

宝玑是斯沃琪集团旗下品牌，创始于 1775 年，距今已有 240 多年的历史。1747 年宝玑品牌的创始人阿伯拉罕-路易·宝玑（Abraham-Louis Breguet）生于瑞士纳沙泰尔（Neuchatel）。15 岁时，他移居法国，接受全面的钟表学理论及实务训练。1775 年，他在巴黎西岱岛（Île de la Cité）自立门户。从此，宝玑先生便开始了他的制表生涯。

宝玑先生的商业成就非凡，从 18 世纪开始，宝玑品牌一直致力于为皇室成员以及各个领域的杰出人物提供作品和服务。宝玑先生享誉欧洲各国宫廷，他与外国元首私交甚笃，这令他的国际声誉一时无两。他屡次受显赫人物委托创造独特的款式，顾客包括俄国沙皇、奥托曼帝国大帝、英国摄政王，以及那不勒斯王后。

宝玑的产品线品牌十分丰富，包括传世系列、经典系列、经典复杂系列、航海系列、传承系列、Type XX-XXI-XXII 系列、那不勒斯王后系列和高级珠宝系列（见图 4.18）。在业界，宝玑有"表王"的称号，同时也有"现代制表之父"的美誉。因为宝玑发明了业界超过 70% 的技术，其最具代表性的三大复杂功能的发明有陀飞轮、万年历（见图 4.19）和三问音簧。这个世界上任何一个品牌的机械腕表，无论是手动上弦还是自动上弦，至少有两项技术、发明、专利或装置来自宝玑。如果把属于宝玑的部分拿走，没有一块腕表能够正常运行。每一块机械腕表上都有宝玑的影子，因此宝玑是最纯粹的高级制表师品牌。

图 4.18　（左起）传世系列、经典系列、经典复杂系列、航海系列、传承系列、**Type XX-XXI-XXII** 系列、那不勒斯王后系列、高级珠宝腕表系列 High Jewellery

图 4.19　宝玑 48 齿万年历模块

宝玑在过去两个多世纪内一直沿用品牌创始人宝玑先生所创制的带镂空偏心"月形"针尖的标志性指针。在当时，指针大多短小又宽阔，拥有繁复的装饰，在表盘上显得突兀又烦琐。直至 1783 年，宝玑先生为制表业带来了简单而又颠覆性的创新——他发明了一种由黄金或蓝钢制成的全新指针，针尖为"苹果形"，镂空偏心设计。修长雅致、精美绝伦的指针，一经面世便大获好评。自此，"宝玑指针"（Breguet hands）（见图 4.20）便如"宝玑游丝"般，迅速成为制表业的常用专业名词。这一极具辨识度的指针造型被运用于宝玑的多款经典腕表、怀表之上，如经典系列 7337、1160"玛丽·安托瓦内特"、L'Orangerie GJE19BA20.8589DM1 等，同时这一经典指针也成为该品牌最经典的标识。

图 4.20　宝玑指针、采用宝玑指针的经典款式：经典系列 7337、1160"玛丽·安托瓦内特"、L'Orangerie GJE19BA20.8589DM1

尽管 2008 年的金融危机席卷了整个制表业,宝玑却继续大力投入研发,使宝玑坚守表中强者地位,而传世系列,也进入了高品质制表创作的范畴。2011 年,宝玑重磅出击,在巴塞尔钟表展上推出了全新的款式——传统系列 7057 三个表款。其中一款采用 18K 玫瑰金表壳和 507DR 机芯,运用了玫瑰金镀层工艺。另外两款采用 18K 白金或玫瑰金表壳,内载一枚亚光灰 NAC 处理工艺的机芯。每一款均以其独特的方式,或以超现代化的形式或以更加传统的形式,突出了本款微型机械巨作的技术架构;其独一无二的制作方法,使得中心板的两面布置均可展现几乎所有的组件——夹板、齿轮、擒纵机构和著名的降落伞式避震器 (parachute suspension)[1]。

位于全球著名时尚重地——巴黎旺多姆广场的宝玑旗舰精品店及宝玑博物馆经改造后于 2015 年重新开张(见图 4.21)。此精品店占地近 200 平方米,采用艺术设计风格,将这家拥有 240 多年历史的高级制表商与这座文化艺术之都完美融合,让人回忆起宝玑作为法兰西制表品牌的悠久传统与文化。玻璃幕墙的色彩灵感源于镀银黄金表盘,而玻璃幕墙上的镌刻则喻指宝玑传统的巴黎饰钉纹机镂图案。位于精品店二层的宝玑博物馆也修缮一新,迎接前来的宾客亲临探索奇妙的制表世界,观赏跨越两个多世纪的古董钟表作品,倾听时光的旋律,并亲眼见证始于 18 世纪晚期的宝玑珍藏真品证书等珍贵历史档案。

图 4.21 宝玑巴黎旺多姆精品店

2) 宝珀

1735 年,瑞士人贾汗-雅克·宝珀先生(Jehan-Jacques Blancpain)于瑞士西部汝山谷(Vallée de Joux)创立了一间制表工坊。宝珀是世界上第一个登记在册的腕表品牌,它的品牌登记也标志着瑞士钟表业从"匠人时代"跨入了"品牌时代"。宝珀隶属于瑞士斯沃琪集团,是目前集团下最高端的腕表品牌之一,也是世界上极少数可以全部自主设计、研发、制

---

[1]　1790 年,宝玑先生发明了此避震器,目的是为了吸收机械表工作过程中摆轴的冲击能量,尽可能保护摆轮。

造、组装到销售的品牌。

宝珀尊重并沿袭机械表制造业的手工制作方法,坚持手工机械表的生产(见图 4.22)。自创始人贾汗-雅克•宝珀先生开始,宝珀的每一枚顶级复杂机械腕表都完全以手工制作且均由制表师亲自检查,刻上编号、签名,编号为独立编号。这项传统自诞生起一直延续至今。

图 4.22　宝珀坚持手工制作复杂机械腕表

宝珀的 Villeret 经典系列得名于该品牌的起源地维莱尔镇(Villeret)。该系列表款采用简约的线条与硬朗的表盘设计,双表圈表壳将品牌的经典优雅全数展现,透露着品牌的精致细腻以及对艺术美感的极致追求。五十英寻系列腕表一经推出,便因其实用性迅速脱颖而出。作为一款完全为专业潜水而设计的腕表,五十英寻腕表采用醒目的夜光刻度和夜光指针,与黑色表盘形成鲜明对比;精钢材质的表壳搭载逆时针单向旋转表壳前圈,内置软铁防磁金属罩——确保了机芯运转免受磁场的干扰。以上这些决定性的技术特征令五十英寻腕表成为潜水类腕表的标杆,誉满全球。

宝珀积极鼓励制表构造工程师勇于突破极限,雕刻装饰、珐琅微绘及诸如内填珐琅等各种独特的工艺,都是巨匠系列大复杂制表工坊装饰艺术工作室以及金雕艺术工作室中的艺术大师们所驾轻就熟的。宝珀尤其注重探索未曾在制表领域运用的新艺术工艺,如日本的赤铜工艺和备长炭工艺以及传统的大马士革镶金工艺。它们都是独属于宝珀的顶级工艺秘籍。

宝珀的每间专卖店皆别具一格,无一不体现出巨匠顶级制表工坊对时间与制表的信仰和热爱。在位于上海新天地、成都远洋太古里的宝珀门店(见图 4.23)也处处体现着品牌对于高水准精致工艺的追求。

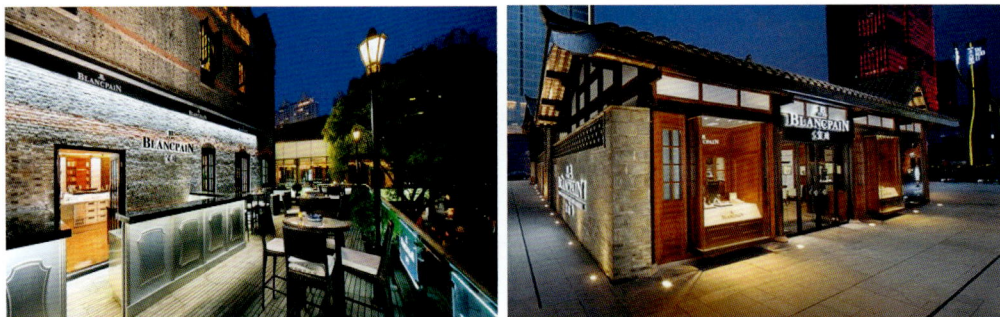

图 4.23　宝珀——上海新天地、成都远洋太古里专卖店

宝珀上海新天地旗舰店是传统与创新的完美融合，也是迄今为止宝珀在全球最大规模的旗舰店。该店毗邻幽静古老的石库门小巷，装饰以品牌独具的欧式新古典主义风格，构成极具层次和质感的结构空间。伫立在会所外的阳台上凭栏远眺，顾客可将石库门的美景尽收眼底，古老的历史建筑与摩登的购物氛围激情碰撞又浑然一体，把酒临风之时，给人一种穿越时空、纵观古今的幽情。

宝珀成都远洋太古里店毗邻历史悠久的大慈寺，接壤人潮涌动的春熙路商业区，集萃了这座城市历史与文化、自然与艺术的精华元素。门店内壁由来自汝山谷的工艺师采用樱桃木精心装饰，让人联想起制表大师使用的传统工作台。而其内部气氛幽静怡然，为宾客悠然欣赏宝珀钟表系列提供了绝佳环境。在保留欣庐内部结构和建筑风格的同时，恰当地融入了汝山谷的樱桃木装饰，让人仿佛置身于交叠时空的长廊，在感受川西历史建筑的同时，悠游于远在瑞士的宝珀制表世界。

宝珀锐意创新的传统造就了其多年来不断进步的发展历程。在过去十年里，宝珀一如既往，通过多元化的方式不断加强全球赛车运动的参与度，成为与汽车制造商、赛车手和极速运动爱好者并肩的赛车运动重要参与方。在这数年间，宝珀与世界各大赛事积极建立合作关系，这些赛事包括宝珀欧洲 GT 系列赛（Blancpain GT Series Europe）（由宝珀耐力系列赛和宝珀冲刺系列赛组成）、宝珀亚洲 GT 系列赛（Blancpain GT Series Asia）以及宝珀赛车俱乐部（Blancpain Sports Club）赛（见图 4.24）。此外，宝珀还为英国 GT 锦标赛（British GT Championship）担任独家计时。在这些赛车盛事中，宝珀凭借官方钟表的身份爆发出蓬勃生机，展现了高级制表与汽车制造相遇、相融的美妙联系。

图 4.24　宝珀赞助世界各大 GT 赛事

　　精准和创新是制表和美食珍视的两个核心价值理念。1986 年，远在高级美食艺术热潮之前，当弗雷迪·吉拉尔代（Frédy Girardet）荣获"全球最佳主厨"（Meilleur Chef du monde）称号时，宝珀向他颁发了一枚有特别镌刻印记的腕表。三年后，当他和已故的保罗·博古斯（Paul Bocuse）及乔·卢布松（Joël Robuchon）被法国权威餐厅指南《米兰美食指南》（*Gault & Millau*）提名为"世纪名厨"（Cuisiniers du Siècle）时，宝珀向他们又颁发了一枚手工镌刻腕表以示致敬。从此，宝珀星级主厨挚友圈不断扩大。

　　宝珀以其悠久深厚的历史积淀与对工匠精神的无限追求，在这纷繁的瑞士高端腕表界仍保持自己的个性与精神，历经近三个世纪的考验，始终不忘初心，砥砺前行。宝珀所展现的手工装饰细节工艺与技术即代表着沿袭百年的制表历史传统。手工艺、美学与精湛技术的结合，为冰冷的机械注入了情感与温度。在宝珀，瑞士制表工匠大师传承精湛工艺技术，沿袭传统，向全世界展示瑞士的卓越制表技术。

思考与探索

1. 为什么宝玑出于现代手表之父路易·宝玑之手却没走上王者之路？

2. 为什么宝玑的品牌形象在国外远远高于宝珀但是在国内定位却差不多？

3. 宝玑和宝珀同属于斯沃琪集团，它们的资源分配是否一样？

第 5 章

高端腕表公司的创新管理

随着时代的变迁和社会的发展，以精湛的传统工艺著称的腕表行业与当今的社会现状之间也产生了一定的矛盾。在市场同质化竞争日趋激烈，消费者对商品品质及服务体验的要求日益严苛的新经济时代，无论什么行业，创新能力都被认为是决定企业和品牌能否持续发展的重要因素。

5.1　腕表产品创新:设计、材料与工艺

腕表作为定义时间的产物,数百年来记录着时光的不断变迁,也造就了各种不同形态展示于众人,圆的、方的,或者别具一格的设计,吸引着众多的爱表人士。在制表材料上,腕表品牌也致力于改进传统贵重金属合金以提升其性能和美学,或是整合开创性的全新复合材料。高级精湛的制表工艺奠定了顶尖腕表的显赫声望。设计、材料与工艺的创新发展才是高端腕表品牌的立身之本。

5.1.1　设计创新

设计是奢侈品的灵魂,也是一家奢侈品公司的标志。对于设计者来说,为奢侈品设计产品和为大众化的需求设计产品从出发点便是不同的。大众化设计为了在激烈的市场竞争中立足,更注重产品的实用性和口碑,而奢侈品已经上升到了超越必需品的阶层,设计师更加重视产品设计所体现的品牌文化。

奢侈品想要一直发扬传承下去,必须要有预测未来时尚潮流走向的能力,世界上很多的奢侈品品牌都具有百年历史,都是因为他们能在变幻莫测的潮流变化中把握住下个时尚脉搏。成功引领了时尚潮流,人们才不会对产品失去信心。通过预测新的时尚方向,进行及时有效的创新,生产出适应新潮流的奢侈品,才能让一家奢侈品公司永远走在奢侈品界的前列。

时间抽象无物,因为有了钟表的记录,这个世界变得具体起来。从日晷到漏刻,从机械式时钟到发条式怀表,从第一枚"椭圆形手镯报时腕表"到如今市场中争奇斗艳的各类手表,时间的具象化不过几百年。

圆表盘是我们日常生活中最常见的腕表样式。圆形更方便刻度的镶嵌和阅读习惯,所以圆形也是大家最乐于接受的表盘形状。各腕表品牌的圆形表都很有自己的风格(见图5.1)。

图 5.1　圆形腕表

由圆形演变出了水滴形,宝玑那不勒斯王后(见图 5.2)就是其中的代表。人们不满足于圆形表盘的存在,随后出现了方形表盘,如图 5.3 所示的积家翻转系列(Reverso)。一些腕表爱好者厌倦了墨守成规的圆形表盘,也烦躁了刻板生硬的方形表款,优雅却不失设计感的酒桶型腕表逐渐成为人们的心仪之选,如里查德米尔酒桶型腕表(见图 5.4)。

图 5.2　那不勒斯王后系列

图 5.3　积家翻转系列

图 5.4　里查德米尔酒桶型腕表

同时,一些小众的腕表公司将设计语言和装饰逐渐夸张、现代化,在禁锢与束缚之外出现了越来越多的奇异形表盘。如 MB＆F 采用了仿生物形态表壳,四个角均采用 360 度球形设计,中央透明圆顶面盘配备 60 秒飞行陀飞轮,机芯一面的两个半球体用来显示小时和分钟(见图 5.5)。

图 5.5　(从左向右依次为)MB＆F HM6 R、MB＆F 老式钟表(Legacy Machine FlyingT)、HYT H3

除了外形的设计创新,腕表功能也始终跟随时代步伐进行创新。一些人会担忧:"大多数颇具意义的复杂功能腕表是过去的制表师们创作出来的,如今制表师的创造力、腕表品牌的创新会不会在不断减弱? 会不会最终被智能腕表完全替代?"其实并不会,百达翡丽、宝玑、宝珀等腕表的品牌创新能力能让这些人的忧虑完全消除。

1）百达翡丽

大师弦音表（Grandmaster Chime）是百达翡丽首款不分正反面的双面腕表，即两面均可朝上佩戴：一面为时间显示和自鸣功能，另一面则专门显示瞬跳万年历（见图 5.6）。

图 5.6　百达翡丽大师弦音表一面显示时间（左），另一面显示瞬跳万年历（右）

这得益于该款时计表耳中采用的巧妙反转装置，令翻转表面非常简便。反转操作出人意料的简单，而表壳也能轻松卡入所选位置牢牢固定。而且，时间和日期显示，作为腕表最常用的功能，在两面均有呈现。百达翡丽大师弦音表还配备了诸多智能装置，可杜绝意外发生的不当操作，保护精密复杂、包含诸多微型零件的机械机芯，从而保证了该款腕表无与伦比的简单易用、安全可靠。双面表壳直径 47 毫米，内藏 4 个发条盒和不下 20 项复杂功能，包括令人艳羡的大小自鸣、三问报时、带四位数年份显示的瞬跳万年历、第二时区，以及在自鸣表领域开创先河的报时闹钟和按需鸣报日期两项专利，凸显出百达翡丽深藏在这款腕表背后的创新动力。

2）宝玑

宝玑的制表师与工程师革故鼎新，围绕声音打造出传世系列 7087 陀飞轮三问报时表（Tradition Répétition Minutes Tourbillon）（见图 5.7）。

图 5.7　宝玑传世系列 7087 陀飞轮三问报时表

　　宝玑运用仿真法,首先合成了约 10 万种声音,并依据心理声学标准进行分类。经过对这些声音的反复聆听和评估,最终确定了两个目标音色,以期借助现代和声及调音技术彻底改变报时表的音感。在此基础上,着手设计全新的腕表,从机械构造上再现原声。这一前所未有的设计理念决定了该款腕表在各个方面的制作选择,决定了部件形状的创新方向,也决定了所选的装饰材料。因此,他们既要保持宝玑品牌精雕细琢的标志性风格,又要避免其对所需的理想音色造成干扰。

3）宝珀

　　宝珀腕表设计理念是创新即传统,这种强大的基因延续了品牌于低调中彰显实力的专属风格。宝珀的经典(Villeret)系列的 2016 年款——两地时年历腕表首次以精钢款亮相,配备白色表盘和黑色真皮表带,是宝珀产品系列中首款采用精钢材质打造的两地时年历腕表(见图 5.8)。

图 5.8 宝珀经典系列腕表

腕表采用蓝宝石水晶背透,与表壳材质形成鲜明对比,清晰展现了内部搭载的黄金上链摆轮和其表面缀饰的传统手工图案。指针和小时刻度的冷峻色泽,与表壳的精钢质地和谐一体。表盘布局,延续了品牌坚持而擅长的优雅、清晰、平衡的设计风格,大大提升了年历读数的可视性,星期、日期和月份等信息得以一一清晰呈现。

5.1.2 材料创新

材料创新对于一种奢侈品来说是颠覆性的,原因在于很多奢侈品公司所用的材料相对固定,难以在这一方面进行创新。但是在科技日益发达的今天,腕表公司如果能跟上材料创新的步伐,将会在产品创新上获得巨大的进展。钛合金、铂金、陶瓷、薄层复合技术材料已经运用到腕表中。

1)钛合金

市面上绝大多数机械手表机芯主要都是由黄铜制成,因为其相对稳定、易加工、成本低,为了防锈蚀,其表面会电镀上银白色的铑、镍,所以看不出来是黄铜。

欧米茄同高尔夫赛手罗里·麦基尔罗伊(Rory McIlroy)合作开发了一款钛合金手表(见图 5.9),其重量只有惊人的 55 克。其表壳为铝钛合金,这一材质常用于喷气式发动机的扇叶。因为是为高尔夫球手设计,为了避免表冠硌手,所以其右边的护肩线条流畅,同时表冠并不是采用常见的旋转、拔出模式,而是采用按压切换不同挡位。之所以能达到如此轻盈的效果,除了表壳、表盘以外,最重要的是其手动上链机械机芯也是由钛合金制成,表面辅以陶瓷涂层。同时由于采用硅游丝和非磁性擒纵零件,防磁也达到15 000高斯。

图 5.9　欧米茄钛合金手表

2）铂金

铂金堪称钻石天然的搭档，千百年来一直深受珠宝商的青睐。铂金是一种贵金属，其纯度将近 95%。其纯粹、稀有和独特的银白色为钻石和镶嵌底座增添了独特的闪耀光辉。铂金不受空气和水分影响，一件铂金腕表一旦打造完成，它的样貌也将恒久不变。

梵克雅宝星座腕表系列（Lady Arpels Zodiac）糅合多项工艺技术，以非凡的工艺表盘捕捉不同星座的生动神韵（见图 5.10）。每枚表盘用铂金材料制成，饰有分别代表土、水、风、火四种元素的主题背景。表盘再反复涂上多层绿色、深蓝、浅蓝或红色的半透明珐琅，以缔造光彩流转的微妙效果。

图 5.10　梵克雅宝星座腕表系列（Lady Arpels Zodiac）RO4I600

3）陶瓷

陶瓷材质品质卓越，其硬度是精钢的至少六倍以上，这也赋予了它们超强的稳定性与富有永恒色彩的使用寿命。但陶瓷用于高端腕表中非常少见，宝珀和沛纳海是其中两个经典范例。

自 1953 年正式投产上市以来，宝珀五十英寻系列腕表始终引领着业界潜水腕表的发展趋势。2019 年 5 月，机械潜水表行业标准的制定者宝珀，在保留五十英寻运动特质与卓越潜水性能的基础上，全新推出宝珀五十英寻系列陶瓷红金腕表（见图 5.11），再度重新诠释了这一标志性的潜水腕表：代表奢华的红金表壳，首次与大热的陶瓷材质表盘强强联合，在体现顶级技术的同时，赋予了它独树一帜的潮流气质。

图 5.11　宝珀五十英寻系列陶瓷红金腕表

早在为深潜器（Bathyscaphe）腕表打造表圈时，宝珀就已使用过陶瓷技术，并发现了它们相较于其他材料的诸多优势。尽管陶瓷的生产加工工艺十分烦琐，但因其超凡的深色光泽，宝珀坚持选用了陶瓷材质，因此这款全新五十英寻系列腕表表盘呈现出迷人的深蓝色，与中心太阳放射纹饰表盘及亚光表盘刻度环形成了鲜明对比。

沛纳海所采用的陶瓷是一种以氧化锆为基材的合成陶瓷。它经过一系列复杂的加工和修饰工序后，呈现均匀的哑光外观，并具有极其坚硬的特性。

4）薄层复合技术材料

在众多创新和大胆尝试之中，最成功的要属薄层复合技术（NTPT）碳纤维制成的表壳。

NTPT 碳纤维的表面显示出类似木纹的独特起伏图案。最大厚度为 30 微米每层,浸渍树脂,然后在特殊的机器上编织,改变层间 45 度的纬向,从而产生这样的视觉效果。与其他特殊物理性能已知的复合材料相比,NTPT 碳纤维可使断裂应力发生率提高 25%,微裂纹发生率提高 200%。NTPT 碳纤维最初是为赛艇开发的。由它制造的帆是高度耐用和轻巧的,并且已经应用于赛船。由碳纤维分割得到的多层平行细丝组成的复合材料,也被用于 F1 赛车底盘,以及未来的太阳能 Impulse 2 飞机的机身航空领域。

最初这一材料被用于里查德米尔 RM011 Flyback Chronograph 手表的新版本(见图 5.12)。

图 5.12　里查德米尔 011 NTPT 自动上链腕表

里查德米尔以其最新的材料进入了航海技术的世界。在里查德米尔与 2019 年开始运营的瑞士汝拉山区顶级制表工业重镇拉绍德封(Les Breuleux)数控机床上,只需在 6 巴的压力下加热到 120 摄氏度,便可以加工 NTPT 碳纤维腕表。

5.1.3　工艺创新

20 世纪著名的法国人类学家克洛德·列维-斯特劳斯(Claude Levi-Strauss)说过一句名言:"技艺,是人类在宇宙中为自己找到的位置。"与材料一样,随着科技的快速发展,腕表工艺创新也应该与时俱进。传统奢侈品设计特别专注于产品的原料、做工、制作过程等,制作数量少,工艺复杂。随着自动化机械和人工智能的出现,腕表公司的制造流程也简化了很多。大规模的生产能让腕表降低生产成本,并在其他方面投入更多的资金。但是,那些顶级的腕表品牌,始终坚持手工艺,并在表壳、零部件、擒纵系统工艺上追求不断创新,同时,一些顶级腕表品牌开始跨界合作,完成工艺上的升级。

1）表壳

珠宝设计师们不断运用各种材质与方式，为女性创造迷人的作品，腕表界也不甘示弱。

（1）爱彼霜金工艺。

在 2017 年的瑞士日内瓦钟表展上，爱彼全新推出的皇家橡树系列"霜金"（Frosted Gold）腕表便让人想起了迷人又充满悄然神秘感的"霜"（见图 5.13）。"霜金"以整只腕表上满是冰霜般的质感，将金的魅力提升了一个档次。

图 5.13 爱彼皇家橡树系列"霜金"腕表

这款腕表是爱彼携手佛罗伦萨珠宝设计师卡罗莱娜·布奇（Carolina Bucci）所共同打造，致敬旗下女士腕表诞生 40 周年。1976 年，在爱彼皇家橡树系列问世的四年之后，爱彼将杰拉尔德·尊达（Gérald Genta）所设计的这个系列重新创作出属于女士的款式。工艺师们用顶端带有金刚石的工具，一锤一锤地敲打上去，使其表面产生极其细微的凹口，呈现出犹如冰霜般的璀璨效果。这一锤锤敲打在黄金上的锤金工艺，亦称为佛罗伦萨工艺，是卡罗莱娜·布奇的高级珠宝工坊采用已久的工艺传统，这次则把它运用在爱彼的这款腕表之上。

触摸表身，磨砂般的手感细腻而特别，细致的点状纹路挑战指尖的触感；金的张扬被冰霜的纹路压制得恰到好处，彰显高端大气；而从实用的角度来说，这样的表面处理不容易因为手指的接触而留下手痕或指纹。

（2）宇舶王金工艺。

王金是宇舶表所用 18K 金合金的名称（见图 5.14）。其色泽独特，甚至比传统的 5N 红金还要红。为了达到这一效果，宇舶的冶金学家增加了铜的比例，并添加了铂金以长期稳定其色泽和防止氧化。

图 5.14 王金

（3）朗格蜂蜜金工艺。

蜂蜜金较其他合金更坚硬，色调独特，专门用于朗格腕表之中。自2010年起，部分朗格表款便采用这种合金（见图5.15），令人联想到香甜的蜂蜜，其硬度则较铂金950高两倍。这种专利物料特别耐磨损，其实际成分至今仍是朗格表厂的机密。

图 5.15　18K 蜂蜜色金手工雕刻表盘与表壳

此外，宝石镶嵌工艺中的爪镶、包镶、槽镶和钉镶工艺也用于腕表的创新工艺中（见图5.16～图5.19）。

图 5.16　爪镶工艺

图 5.17　包镶工艺

图 5.18　槽镶工艺

图 5.19　钉镶工艺

2）零部件：硅制品应用

硅制品轻巧、耐磨损、自润滑且不受磁性干扰，一些腕表公司将此工艺应用于腕表制作工艺创新之中。

（1）雅典表。

2001 年，雅典推出了由欧克林大师设计的、最具有标志性的杰作——分针卡罗素手表。其中的核心"双向擒纵机构"更是能够表现出大师的非凡创造力和雅典在制表业高科技方面的伟大成就——硅技术的应用。雅典表将制表业从未染指过的半导体材料引入到手表行业来加工零件。虽然硅制品的加工成本非常昂贵，但是零件选用此类材料彻底解决了"双擒纵机构"中最棘手的问题：双擒纵轮在巨大的驱动力作用下相互啮合高速转动，不论采用哪种金属材料都不可避免地存在高速磨损。

（2）百达翡丽。

百达翡丽的硅游丝是以压印铸模的方式制造，于 2006 年推出了全新的 Spiromax 游丝。此游丝的特点是设计了一种创新的末端"曲线"，明显增厚了摆轮游丝的外末端，驱使摆轮游丝同心运动，在整个振动平面上规律均衡地朝着同一中心扩张、收缩。而普通游丝的加工方法决定了整条游丝的等厚度和螺距为厚度整倍数。虽然内外端固定方式多次优化，其展开与收缩的不同心是始终存在的问题。

（3）欧米茄。

在 2008 年的巴塞尔钟表展上，欧米茄推出"Si 14"硅游丝系列，可以说硅游丝的普及得益于欧米茄的贡献，同时也是斯沃琪集团的战略眼光。欧米茄在此后，将硅游丝与本品牌最具标志性的"同轴擒纵机构"相融合，给人们全新的高科技与经典技术传承的体验。

（4）宝玑。

在 2010 年的巴塞尔钟表展上，宝玑推出了搭载用硅材料制造的宝玑游丝，振动频率为 10 赫兹的高频机芯的新款手表。此外，宝玑的机芯中不仅包含了硅游丝，还包含了硅质擒纵叉和擒纵轮。2011 年又推出了改进版的 10 赫兹机芯，很是值得关注。

3）擒纵系统

杠杆式擒纵机构自 18 世纪中叶发明以来，渐渐成熟和稳定，当时钟表机芯几乎是杠杆式擒纵机构一统天下。20 世纪著名制表师乔治·丹尼尔（George Daniels）发明的同轴擒纵机构的出现改变了这一局面。

在机械表运动中，擒纵轮被叉瓦一次次地挡住，然后释放一个齿后再次被挡住，周而复始。这个过程实现了准确的分割发条传过来的能量，分割时间的功能来自摆轮的来回摆动，因为摆轮每摆一次，叉瓦会做相应的动作使擒纵轮跳过一个齿，这个结果直接的反映就是秒针的跳动。我们看到的秒针不是很平滑地走过，原因就是擒纵系统的运动不是平滑连续的，而是间断的。

（1）杠杆式擒纵机构。

对于腕表的擒纵系统来说，能量的传递是核心所在，也是一个擒纵机构设计是否高效、实用的重要体现。机械表的能量来自发条的变形能，能量的释放要被准确地分割，才能用于计量。机械腕表能量的传递链：条盒轮—中心轮—过轮—秒轮—擒纵轮，擒纵轮转动精确地分割释放能量是腕表精确走时的前提。

图 5.20 中，擒纵轮顺时针旋转，擒纵轮齿冲击进瓦的冲面，进瓦由于这股冲力而向上抬起，根据杠杆原理，左侧叉口拨动圆盘钉，开始带动摆轮逆时针旋转（见图 5.20a）。随着擒纵轮继续向右转，擒纵轮齿在进瓦冲面上滑动摩擦至图 5.20b 位置后，脱离进瓦，这个过程中，进瓦继续受力，向上的分力使进瓦臂上抬，叉身右推，左侧叉口继续拨动圆盘钉（见图 5.20c）。

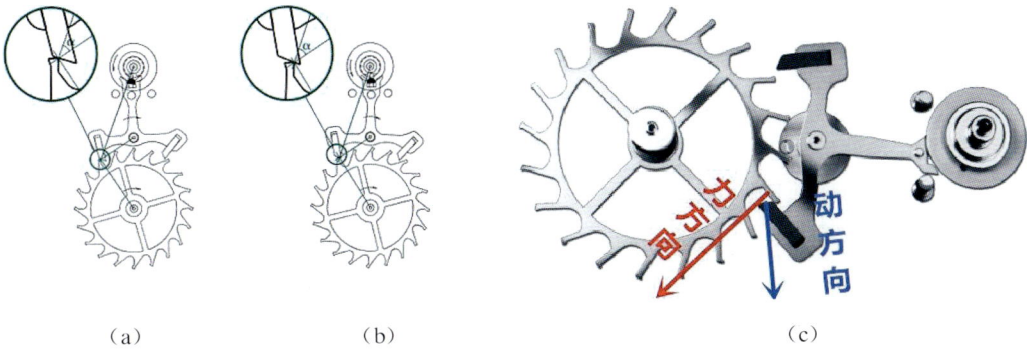

图 5.20　杠杆式擒纵机构

当擒纵轮继续顺时针旋转至轮齿冲击出瓦冲面并滑动摩擦至即将脱离出瓦,出瓦借这股冲力向上抬,右侧叉口拨动圆盘钉,推动摆轮顺时针旋转。这一步跟前面的原理一样,也是在传递能量,只是一个在进瓦上一个在出瓦上。无论是擒纵轮齿冲击进瓦冲面还是冲击出瓦冲面,当一个连续性的动作完成后,擒纵轮把来自条盒轮的能量传递给了摆轮。

（2）同轴擒纵系统。

同轴擒纵系统于 1974 年由乔治·丹尼尔发明,并于 1980 年注册专利,同轴擒纵在杠杆擒纵的基础上加以改良,大大减低了能量流失的情况（见图 5.21）。

图 5.21　同轴擒纵系统

这项发明被公认为杠杆擒纵之后,钟表技术上的一大突破。同轴擒纵内含三层式同轴擒纵轮,能够将锁定功能与脉冲分开,从而免除了杠杆擒纵的滑动阻力,棘爪与棘爪之间亦无须添加润滑油。

4）跨界合作工艺

英国跑车品牌阿斯顿马丁（Aston Martin）和瑞士顶级腕表积家（Jaeger-LeCoultre）百年来曾为各自领域的发展立下卓越功勋。两个奢侈品品牌为了实现工艺创新，于2004年起开始合作，从首辆搭载以高精准度著称于世的积家仪表盘计数器的阿斯顿马丁跑车开始，屡次实现惊人的技术创新，缔造展现两家杰出品牌共同价值的钟表佳作。

在瑞士汝山谷和盖顿（Gaydon）的工坊内，历代工匠们不负运动爱好者、美学家和鉴赏家的热切期盼，广泛运用各种技巧，通过精湛的工艺，赋予卓绝钟表与汽车以生命。2013年，积家创立180周年暨阿斯顿马丁创立百年之际，积家AMVOX系列腕表出世（见图5.22），代表着时刻追求完美、齐头并进的两家先锋企业之间的又一历史性跨越。日积月累、不懈铸就的价值观，成就了这两大品牌的翘楚地位。

图 5.22　积家与阿斯顿马丁共同研发的 AMVOX 系列腕表

两个跨品类的奢侈品品牌间的合作，实现了工艺上突破性的创新：在时计中内置带微型发射器的转发器，控制汽车中控锁系统；直观清晰、体贴用户的垂直启动计时装置，操作起来就像驾驶积家跑车那般轻松自在；采用特制机芯，满足跑车驱动性能要求。此外，他们还开发了创新型材料用于腕表和跑车。

前积家全球总裁、时任万宝龙全球总裁的兰伯特（Jerome Lambert）说过："追求极致的传统是双方积极持久合作的根本。而彼此特有的工艺技术，以及积家表厂在180年历史进程中数不胜数的时计发明专利，则奠定了合作的基石。"阿斯顿马丁当时的首席执行官乌尔里克·贝兹（Ulrich Bez）把每一款卓尔不凡、精巧独特的产品都归功于顶尖的工艺和充满智慧的创新。

5.2　腕表品牌译名与标识创新

品牌是一个奢侈品公司的根基,但是从中进行创新也可能会有不小的发展。命名创新、译名更改和重新设计标识都是高端腕表品牌创新的发展方向。

品牌名是奢侈品品牌重要的代号与象征,不会轻易改变。腕表译名与标识改变并不多见,但在特定情况下,这些品牌元素也会发生变化,如为了提升品牌的含义、重塑品牌、契合公司在特定市场中的新战略和新目标等。IWC 和 Universal 的译名故事是经典的案例。

IWC 诞生于瑞士北部靠近德国的沙夫豪森地区。在所属的历峰集团里,比它历史更悠久的有江诗丹顿、积家等品牌,而跟成立于 20 世纪的独立品牌劳力士相比,IWC 显然没那么高调受欢迎,但资历更老一些。

IWC 的含义是"国际钟表公司"(International Watch Company),但"名不符实"的是一开始 IWC 在瑞士生产的钟表只卖到北美市场,并不销往世界的其他地方。IWC 初涉华人市场时,出于宣传的需要,将品牌名翻译为了"万国"。1990 年,IWC 发布于中国香港地区的广告海报上面清晰地印着繁体"萬國"字样(见图 5.23a)。但在中国内地,IWC 却没有使用"万国"这一译名,而是被翻译成了"国际"。但问题是"万国"这一译名已经被另外一个钟表品牌"Universal"使用。

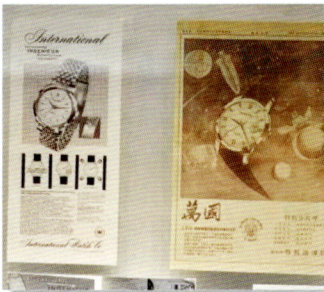

(a) 1990 年 IWC 在中国香港地区的广告海报　　(b) 1957 年的 Universal 手表的老广告

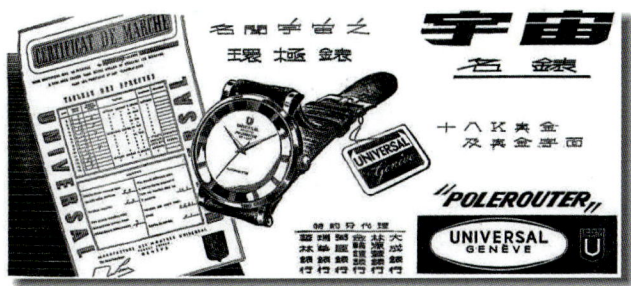

图 5.23　IWC 与 Universal 手表广告

根据香港知识产权署查询,"Universal"官方于 1956 年在香港申请的是"宇宙"牌商标,并一直使用(见图 5.23b),而被翻译为"万国"是中国内地翻译的非官方行为。因为翻译的缘故,IWC 阴差阳错地在内地被叫作"国际",在香港被叫作"万国";Universal 在内地被叫作"万国",在香港被叫作"宇宙"(见图 5.24)。

一类一等（瑞士）		二类一等（瑞士）	
外文	中文	外文	中文
INTER-NATIONAL	国际	EBEL	依宝
ROLEX	劳力士	MARVIN	摩纹
		MIDO	米度

一类二等（瑞士）		二类一等（美国）	
外文	中文	外文	中文
LONGINES	郎琴	ELGIN	爱而近
OMEGA	欧米茄	HAMILTON	汉蜜而登
		JUVENIA	左湾那
		WALTHAM	华生

一类三等（瑞士）		二类二等（瑞士）	
外文	中文	外文	中文
CYMA	西马	CORTEBERT	柯途柏
ETERNA	依特那	GRUEN	格路云
JAEGER-LECOULTRE	积家	VULCAIN	凡尔根
MOVADO	摩凡度	WITTNAUER	威那乌
TISSOT	天梭	ZENITH	增你智
TUDOR	习度		
UNIVERSAL	万国	二类二等（美国）	
ULYSSE-NARDIN	阿立斯那庭	外文	中文

IWC 万国

商品/服务	手表; 钟表及其部件; 查看详细信息				
类似群	1404;				
申请/注册号	1076460	申请日期	1993年11月11日	国际分类	14
申请人名称（中文）	历峰国际有限公司				
申请人名称（英文）	RICHEMONT INTERNATIONAL SA				
申请人地址（中文）	瑞士格兰维拉鹿街10号				
申请人地址（英文）	ROUTE DES BICHES 10,VILLARS-SUR-GLANE,SWITZERLAND				
初审公告期号	591	注册公告期号	603	是否共有商标	否
初审公告日期	1997年05月14日	注册公告日期	1997年08月14日	商标类型	一般
专用权期限	2017年08月14日 至 2027年08月13日			商标形式	
国际注册日期		后期指定日期		优先权日期	
代理/办理机构	中国国际贸易促进委员会专利商标事务所				
商标流程	点击查看				
商标状态图标	LIVE/REGISTRATION/Issued and Active 注册				

图 5.24　中国内地的钟表名称翻译（左）和万国表商标注册信息（右）

（资料来源：中国国家知识产权局商标局）

　　两个钟表品牌的名称如此混乱，无疑会影响到消费者的判断，不利于品牌的宣传和销售。1993 年，历峰集团正式向中国内地申请了"万国"商标，并在 1997 年获批。至此，IWC 在香港和内地的中文名称得到了法理上的统一。而 Universal 直到 2011 年才把内地的简体中文商标改成和香港一样，统一为"宇宙"。

　　相应地，IWC 的中英文品牌标识都做过改变。IWC 是"International Watch Company"的缩写，全称多达 25 个字母，加上采用的是花体书写，不便于品牌传播和让消费者记忆。从 20 世纪 60 年代初开始，万国在表盘上不再单单使用"International Watch Company"商标，而是加上了更加简洁明了的"IWC"字样。到了 20 世纪 80 年代末，"International Watch Company"商标在表盘上消失了，仅仅保留"IWC"。在这近 30 年的过渡时间里，花体书写的全称和简写并存（见图 5.25）。

　　可能有人会觉得花体的"International Watch Company"更典雅、隽永，而"IWC"过于直白。但万国认为，"IWC"这一品牌标识能让更多人知道这个品牌，而只有先认识了，才有下一步深入了解和购买的可能。

图 5.25　花体和缩写简体的 IWC 标识

5.3　腕表门店的体验创新

腕表公司会在旗舰店、一般直营店、经销商与代理商门店之间进行权衡取舍，无论选址还是店内布局的标准，他们的要求十分苛刻。随着消费者审美理念和生活方式的变迁，一些腕表公司开始尝试打破时尚业的地理界限，保证严苛标准的同时，大胆地尝试新鲜元素。

5.3.1　腕表的延伸体验

传统的腕表门店一般只提供腕表柜台和其他展示中心，但一些顶级腕表品牌为了展示其低调质朴、精致工艺和奢华典雅的品牌形象，将体验延伸至跨界领域。

如腕表欣赏与美酒美食的组合。高级腕表与经典美食的诞生过程有着众多异曲同工之妙。它们都要历经严格的材料甄选、完美苛刻的产品设计、激情洋溢的创作过程、成品最终呈现，共四大步骤。在这一过程中，创作人员要始终对完美有着无限的渴望、对精益求精有着无限的追求，将产品当作艺术品来创作和雕琢，整个创作不仅仅是娴熟技术和技巧的体现，更是个人情感的投入与展现，是创作激情的挥洒与浓缩，是情感、艺术和唯美的融合与绽放。同时，无论是钟表巨匠还是美食大师都是幕后英雄，整个创作过程均是清冷而孤寂的，是无人关注与喝彩的，他们以其自身的低调内敛和坚定不移为世人呈现出一件件流芳百世的传世佳品。

宝珀在上海新天地打造的旗舰店（见图 5.26）将高级制表与美酒美食的创作理念融会贯通，让消费者在静谧舒适的氛围中感受源自瑞士的贵族风范、体验创作的激情和新生活方式的美好。

图 5.26　宝珀全新的上海新天地旗舰店

5.3.2　基于高科技的沉浸式体验

随着科技的发展,基于高科技的沉浸式体验也逐渐运用到腕表行业中。腕表品牌往往设立一个巨大空间、并极具特色的艺术展活动,提供参展者完全沉浸的体验,使腕表爱好者有一种置身于虚拟世界的感觉。他们通过头盔显示器把用户的视觉、听觉封闭起来,产生虚拟视觉,同时,利用数据设备仪器把人们的手感通道封闭起来,并产生虚拟的触动感来体验腕表的魅力。

历峰集团于 2019 年 7 月 11—25 日在纽约开业的商业新地标——哈德逊广场(Hudson Yards)四楼举办了一场名为"Arcadium"的沉浸式快闪体验展活动,参展对象为集团旗下八大珠宝及腕表品牌:卡地亚、梵克雅宝、万国、积家、万宝龙、沛纳海、伯爵和江诗丹顿。其快闪体验展海报如图 5.27 所示。

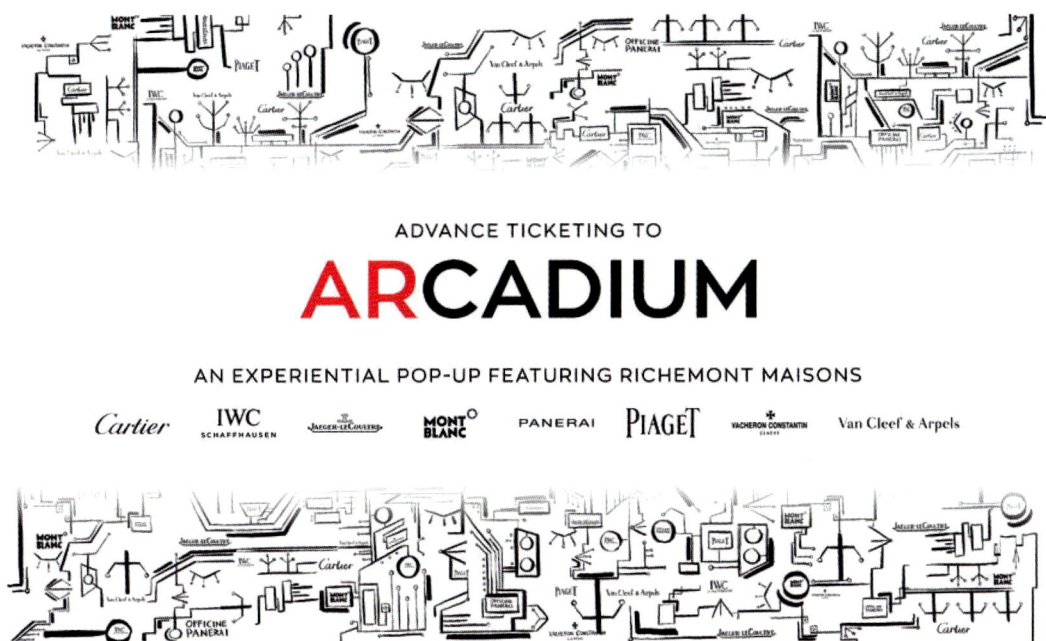

图 5.27 历峰集团"Arcadium"沉浸式快闪体验展海报

由纽约艺术家贾斯汀·特奥多罗(Justin Teodoro)主打设计的 Arcadium 体验展免费对外开放,通过结合虚拟现实和增强现实(augmented reality,AR)等最新技术,为观众呈现了一个融合这八大品牌的三维立体世界,展示各个品牌的深厚历史、制作工艺以及产品创造力。整个体验展囊括了多项活动,包括技术演示、珠宝展示以及探秘制表工坊等。与此同时,江诗丹顿还宣布已将区块链(block chain)技术运用到钟表展与古董表交易过程中,为消费者和钟表爱好者提供更出色的体验感知和可靠保证。

5.4 腕表公司的可持续发展

1950 年,世界人口约为 45 亿。如今,世界人口将近 80 亿。谁曾想过地球会居住如此多人类?随着人口的增加,人类在商业市场、工业领域和科技领域都取得了重大进展。然而,人类往往忘记了生态环境的保护和产品研发创新可能对环境造成的影响。在过去的几十年里,气候变化已是不争的事实,人类不合理地开发、利用造成森林、草原等自然生态环境的破坏,从而使动物、植物,甚至人类自身的生存条件恶化,如水土流失、土地荒漠化、土壤盐碱化、生物多样性减少,等等。资源短缺、农业食品污染正在加剧这个 21 世纪人类最大的危机。生态环境破坏造成的后果往往需要很长的时间才能恢复,有些已不可逆转。包括奢侈品行业在内,人类已经开始致力于可持续发展,保护地球。

钟表作品珍贵而正统,其设计旨在经受时间的考验,世代传承并不断激发年轻一代的梦想。高端腕表公司将精密工程学与独家设计相结合,制造经久耐用的精美腕表,通过将创意与革新相结合,高级制表也体现了可持续发展的价值观。

可持续发展不仅是所有商业领袖的必然选择,更是确保企业长远发展的商业机会。众多高端腕表品牌近年来在环保和社会责任方面的践行和成绩有目共睹,其可持续战略目标也受到了大力支持。

5.4.1 供应链的可持续发展

腕表公司采购的黄金、钻石和铂族金属供应商均必须获得责任珠宝委员会(Responsible Jewellery Council,RJC)[①]的实践守则认证。面对更加严格的责任珠宝委员会实践守则标准,在采购决策过程中,除了在腕表所需材料的范畴之外,还对环境和社会影响进行充分考量。

1)黄金和钻石

伯爵在推行符合伦理道德的负责任行为方面发挥了先锋作用。2006年,伯爵成为责任珠宝业委员会的早期成员之一,并于2011年获得认证(见图5.28),之后每三年更新一次认证。作为责任珠宝业委员会的认证会员,伯爵在采购和销售金、钻石和铂金的过程中,遵行(商业、社会、环保及伦理道德方面)良好的行为准则。

伯爵尽可能地从责任珠宝业委员会CoP[②]或CoC[③]认证供应商处采购金原料。其他情况下,伯爵要求其金原料供应商签署《行为规范》。此外,伯爵还会定期审查供应商,以确保他们符合所签订的《行为规范》。

认证CoC金原料有三个来源:来自责任珠宝业委员会认证或公平采矿(Fairmined)认证矿区的金、回收再利用的金(来自回收的金废料),以及祖父金(经证明金龄在2012年1月1日前的金)。CoC标准确保负责任的金原料采购,代表其属于非冲突原料,并且在供应链的每个阶段都是以负责任的方式制作。

伯爵也非常注重其钻石供应链,并从责任珠宝委员会认证供应商处购买钻石。此外,伯爵在购买钻石时会核查金伯利进程证书制度(Kimberley Process Certification Scheme,KPCS)认证书。金伯利进程证书制度对成员提出了广泛要求,使他们能够查验毛坯钻石的流通与武装冲突无关,并防止冲突钻石进入合法贸易渠道。

---

① 责任珠宝业委员会(RJC)是设定标准与实施认证的非营利组织,在世界范围内共有超过900位成员。其宗旨是"在从采矿到零售的整个钻石、金及铂金类贵金属珠宝供应链中推行负责任的商业行为"。
② CoP是《责任珠宝业委员会实践准则》的缩写。
③ CoC是《责任珠宝业委员会产销监管链标准》的缩写。

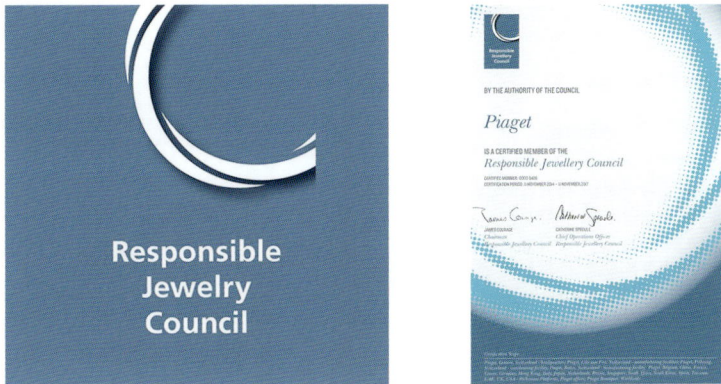

图 5.28　责任珠宝业委员会认证

2）鳄鱼皮

身为国际爬行动物皮革协会（IRV）的长期会员,朗格严格遵行《华盛顿濒临绝种野生动植物国际贸易公约》（CITES）。沛纳海也应瑞士动物保护协会（PSA）的特殊要求,提高了对剥削动物道德问题的意识。朗格腕表表带所使用的鳄鱼皮革,均来自美国的短吻鳄养殖场,完全符合畜牧业原则的道德规范。每枚全新的朗格腕表,其鳄鱼皮表带上均带有物种保护的注册编号。海关关员会在进口时检查此注册编号,确保每枚表带均可追踪来源。沛纳海选用的所有鳄鱼皮（美洲鳄）均来自美国路易斯安那州的养殖场,而且几乎全在欧洲鞣制而成。这些养殖场保证根据《华盛顿濒临绝种野生动植物国际贸易公约》饲养和处理鳄鱼的独家使用,帮助野生鳄鱼数量稳定增长,并将 12%～15% 的动物放归自然栖息地。皮革贸易亦受到政府的严格监管。

5.4.2　环境的可持续发展

朗格以持续减低能耗及能源足迹为目标。其中包括善用纸张等天然资源,采取负责任的废物管理及循环回收一般物料及原材料模式。朗格同时倾向于与地区服务供应商合作,选择合适的环保物流。

2015 年,朗格新表厂隆重开幕（见图 5.29）。表厂内的地热泵用于加热、冷却和制造热水,全面引入环保概念。利用地热和绿色电力驱动热泵,为新大楼内提供无碳能源供应,这亦是萨克森州迄今最大型的同类地热系统。

从纳沙泰尔表厂落成开始,经过 10 年发展,沛纳海的新工厂（见图 5.30）也已建成,与机芯和腕表开发、生产和组装有关的所有活动均转移至此。

图 5.29　朗格新表厂

图 5.30　沛纳海新工厂

　　沛纳海新工厂在 2013 年年底正式启用，无论是在数量还是品质上，都是优化生产流程的一次绝佳机会。全新沛纳海大楼对环境"零"影响，因为借助专为回收及循环利用资源设计的各种技术、减排设备、完全可再生能源电力，以及促进员工生态可持续性流动的政策，极大地降低了二氧化碳排放量。

　　总之，一家真正的奢侈品公司必须始终建立在品质、传统、创新和手工概念上，品质和创新不代表破坏生态，这与可持续发展的理念是不谋而合的。奢侈品公司需要成为生态保护的响应者，并一以贯之。

研究案例 里查德米尔

由法国商人里查德·米尔（Richard Mille）在 2001 年创立于瑞士日内瓦的同名品牌里查德米尔（Richard Mille），在近几年凭借其极具特色、略带叛逆的暗黑高科技风外形，极具外形特色的 RM 59-01、RM 70-01 ALAIN PROST、RM 069、RM 52-01（见图 5.31）为观赏者带来艺术般视觉盛宴的设计，以及由于各路体育明星支持及名人的青睐，曝光度得到极大提升，一度跃升成为瑞士高端腕表行列内最闪耀的新星之一。里查德·米尔曾经说过："我的目标是要制作出手表业界的'一级方程式'。"在设计理念上，里查德米尔将运动、艺术、科技与制表工艺融合，与多位体育明星进行联名合作，表达了品牌对于运动的热情与支持。

图 5.31 RM 59-01、RM 70-01 ALAIN PROST、RM 069、RM 52-01

除了以一级方程式赛车手菲利普·马萨（Felipe Massa）为灵感元素进行的限量版设计之外，里查德米尔亦加入建筑艺术及航海等崭新的设计素材。在制表技术上，里查德米尔不断突破自我，沿袭其对复杂精密机械的痴迷与热切追求，甚至研制出"零表盘"的机械腕表。除此之外，里查德米尔还融入建筑艺术及航海等崭新的设计素材。里查德米尔一直注重将腕表设计与运动相互结合。以 F1 赛车手菲利普·马萨（Felipe Massa）和网球巨星纳达尔为灵感元素设计的限量版腕表（见图 5.32）从理念、制表物料到表内每部分的造型及性能，都与运动有着非常密切的关系。目前世界上最轻的腕表就是出自里查德米尔之手，是里查德米尔与网球巨星纳达尔的合作款陀飞轮腕表，刨去表带，表头的 RM 027 质量竟只有 13 克，因此里查德米尔也陪伴着纳达尔驰骋于球场,见证着这位红土之王一次次的历史性突破。

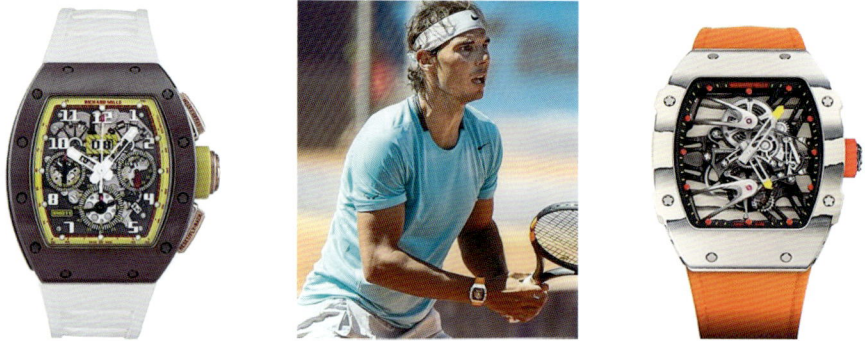

图 5.32　RM 056 菲利普·马萨合作款、纳达尔佩戴 RM 027 纳达尔合作款陀飞轮腕表

里查德米尔运用了大量高科技材料,对于工艺、科技也有极高要求。每块腕表都需要约 400 个零件,其中最小的螺丝钉,小到呼口气就能吹飞。甚至这样一个看似普通的小螺丝钉都是由五级钛金属材料制成,加工的成本特别高。王思聪之前所佩戴的 RM 056(见图 5.33),售价高达 1 200 多万元,搭载大日历、计时、动力储存、陀飞轮等多个复杂计时功能,其全透明表壳,是由整块蓝宝石切割而成,制作这样一个表壳,需要 1 000 多个小时方可完成。其中,仅表圈、主表壳和底盖,就需要 430 个小时的雕刻工序与 350 个小时的抛光工序。

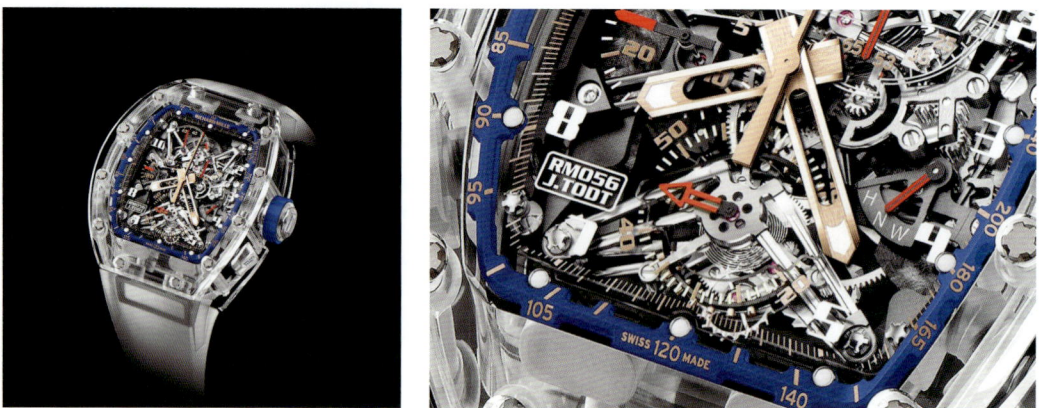

图 5.33　RM 056

此外,尽管里查德米尔在 2013 年开设了 ProArt SA 工厂,但此工厂仅生产表壳等外观部件,最核心的机芯目前仍无法自产。其机芯(见图 5.34)全部由 APRP(Audemars Piguet

Renaud & Papi)和 Vaucher 两家机芯工厂供应。作为不依靠其他钟表集团的独立制表品牌,里查德米尔极低的年产量保证了其腕表的稀缺性,也同时确立了其高昂价格的宝座。一款腕表限量 50 枚,对于里查德米尔而言就已经算是高产了。

其实,里查德米尔在广告代言及品牌传播方面也耗斥了巨资。作为一个成立于 2001 年的新兴手表品牌,仅有不到 20 年的历史,并不像百达翡丽、宝珀等其他瑞士高端腕表那样,拥有极其深厚的历史沉淀,只能靠持续的高曝光率才能让这个品牌被人所了解。于是里查德米尔将重点聚焦于明星名人代言合作,其中体育明星占多数,例如短跑名将布雷克、网球巨星纳达尔。此外,里查德米尔还赞助支持各类体育赛事,例如圣巴托帆船赛、一级方程式赛车等,从而在全球拥有了极高的曝光度。

图 5.34　里查德米尔机芯

而如此火爆的里查德米尔却曾在中国遭受冷落,它曾在上海的香港广场开设门店,即使店内的腕表已打出 6~7 折的诱人优惠,也无人问津,因为高昂的价格让前来的顾客实在承受不起。里查德米尔怎么也没想到居然不得不在一年后便撤柜退出中国大陆市场。一名新加坡老板的入股,为里查德米尔带来了另一次机遇——成龙的加入。于是成龙带动了里查德米尔的中国市场,在中国掀起了一波热潮。明星效应也因此“拯救”了里查德米尔。在这个网络时代,明星红人稍有动向,便会立刻在各大媒体网络社交平台飞速扩散发酵。里查德米尔斥巨资邀请了克里斯蒂亚诺·罗纳尔多,拳王梅威瑟、莱科宁、王思聪、潘玮柏、鹿晗、罗志祥等明星代言,这立刻为它带来了众多追随者。如图 5.35 所示,莱科宁佩戴的即为 RM 50-04 陀飞轮款,梅威瑟佩戴的则是 RM 011 菲利普·马萨合作款。而这些明星追随者又带动了他们那些拥有超强购买力的粉丝,一起加入里查德米尔的大家族。

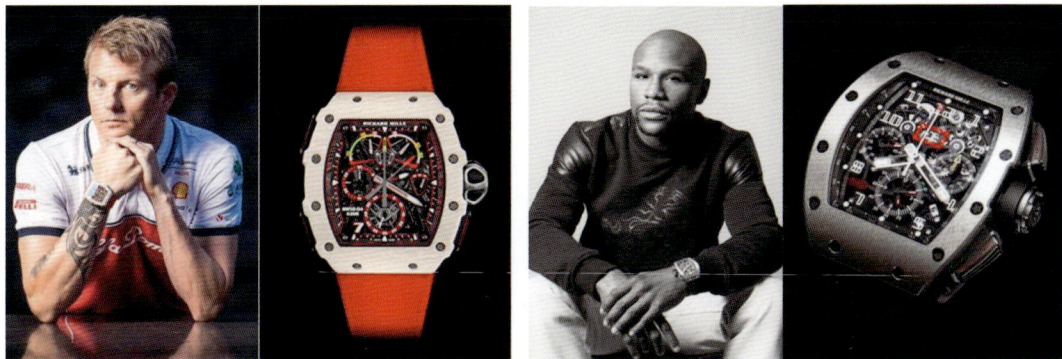

图 5.35　莱科宁佩戴 RM 50-04 陀飞轮款、梅威瑟佩戴 RM 011 菲利普·马萨合作款

除了其高昂的价格外,科技感十足的设计也是使它成为"年轻新贵的入场券"的一大要点。现代年轻人追求独特自由,而里查德米尔完全不效仿传统腕表的精致奢华风,设计的腕表都极具科技风,略带一丝叛逆意味,也使其获得了追求时尚潮感的年轻人的青睐。例如最为著名的水晶骷髅表,设计风格现代前卫,骷髅头占据整个表面,尽显浮夸叛逆。因此里查德米尔的爆红要归功于现在的年轻一代。21世纪初,可自主支配财产的年轻人数量远不及现在,可以承担得起如此昂贵价格的腕表的一辈人,更偏爱江诗丹顿、百达翡丽、劳力士等世界顶级腕表。而如今有更多的年轻人可以自主选择,当然会倾向于购买更符合自己审美喜好的腕表。里查德米尔也因此稳固了其在高端腕表界的独特地位,一次次以惊喜的美感刷新我们对于传统腕表的认知。

思考与探索

1. 为什么一个新千年后的品牌火热度直逼表王百达翡丽?

2. 什么样的营销策略使得里查德米尔成了富豪俱乐部的入场券?

3. 为何里查德米尔在2018年才组建自己的机芯工厂?

第 6 章

世界顶级腕表

6.1 朗格（A. Lange & Söhne）

1）历史发展

1845 年，德国人费尔迪南多·阿道夫·朗格（Ferdinand Adolph Lange）在小镇格拉苏蒂（Glashütte）创立了表厂 Lange & Cie，不久之后便担任了格拉苏蒂镇镇长。在之后的 18 年里，他为改善格拉苏蒂镇的政治和经济环境做出了很多贡献。

1868 年，费尔迪南多的两个儿子理查德·朗格（Richard Lange）和埃米尔·朗格（Emil Lange）正式成为表厂的合伙人，将公司改名为 A. Lange & Söhne[①] 并沿用至今，品牌就此创立。

2）品牌特征

朗格秉持德国精密制表业创始人留传的理念，坚持"只生产优质的钟表"，因此将年产量限制在数千枚以内，而且作品采用黄金或铂金表壳。精确跳分计分盘和飞返功能自 1999 年起成为朗格计时码表的两大特色。

3）经典之作

朗格的经典之作包括朗格 1 系列、猫头鹰系列、1815 系列及理查德朗格系列（见图 6.1）。

朗格 1 是表厂重建后朗格首批制作的表款之一，其集传统与创新设计于一身，堪为朗格制表工艺的典范杰作。此腕表系列采用偏心设计表盘和大日历显示等崭新设计与功能，写下制表领域的历史新篇章。

猫头鹰系列配备数字显示，是当代设计革新的腕表之一。这是首款配备三个数字盘跳字装置的机械腕表。这一开创性设计概念屡获殊荣。

---

① 德语 A. Lange & Söhne 即朗格父子之意。

图 6.1 （从左至右依次为）朗格 1 系列、猫头鹰系列、1815 系列、理查德朗格系列

1815 腕表系列的名称源于费尔迪南多·阿道夫·朗格的出生年份。精湛工艺和非凡元素均出自他手，该系列向这位开创德国精密制表业先河的先驱致敬。清晰读时度和对比鲜明的设计为腕表赋予了当代风格。

朗格推出的理查德朗格是一款重现历史的腕表——天文台表。凭借起高走时精度、卓越的读时度，配以结实耐用的特质，让天文台表成为 18 世纪和 19 世纪不少知名学者、研究人员和探险家不可或缺的精密计时仪器。如今，理查德朗格腕表系列亦向计时先驱致敬。

4) 荣誉殿堂

1815 系列月相腕表于 1999 年和 2000 年制作，限量发行 250 枚 18K 玫瑰金款和 150 枚铂金 950 款。适逢埃米尔·朗格诞辰 150 周年，他的后人于 1999 年创制极具象征和纪念意义的杰作，颂扬他的制表成就。该系列腕表月相显示非常精准，腕表每隔 1058 年才需校正一天的误差。

1945 年，朗格主厂房在第二次世界大战的最后一晚被炸弹摧毁。战后，位于苏联占领区的公司遭充公没收，朗格品牌从此销声匿迹。柏林墙倒塌后，瓦尔特·朗格（Walter Lange）和著名钟表管理人君特·布吕莱恩（Günter Blümlein）于 1990 年一同重建表厂，体现了瓦尔特·朗格"永不止步"的精神。

1994 年，重生的第一批朗格表在德雷斯顿展出，立即以德国式的精致风格和令人惊叹的制表工艺重振国际制表业。2000 年，适逢表厂重建十周年，朗格特意重温品牌昔日的非凡成就，推出了 Langematik，配备了设计精巧的珐琅表盘。

6.2 爱彼（Audemars Piguet）

1）品牌背景

由钟表师儒勒-路易·奥德马乐（Jules-Louis Audemars）和爱德华-奥古斯特·毕奎（Edward-Auguste Piguet）于 1875 年在瑞士汝山谷（Vallée de Joux）的布拉苏丝小镇（Le Brassus）创立的爱彼，是目前全球唯一仍由创始家族掌管的世界高端腕表品牌。作为一个拥有 140 多年历史的高端腕表品牌，爱彼的制表工匠们致力于研制精益求精的精密复杂机械，融合前卫科技与精湛工艺。

2）品牌特点

- 1955 年，爱彼率先制作出全球首款具有闰年显示的万年历腕表系列。
- 早期的爱彼表在每一只表后刻上制造者的名字，以示对其负责保证。
- 爱彼的每位表厂工匠，必须在瑞士的钟表学校修完四年课程，取得钟表匠的资格证后，再多花两年时间，才有资格被派到超薄机械部门工作。
- 爱彼售后服务在世界各名牌表厂中非常知名，即使是零件已经停产 20 年，只要查询存有制造数据，爱彼表厂仍可以为顾客修护，达到品质世代保证的目的。
- 爱彼的品牌标志具有独一无二的、标志性的圆弧造型；每一个字母都采用实金层层累积而成。

3）经典之作

爱彼的经典之作包括爱彼皇家橡树系列、皇家橡树概念系列、Jules Audemars 系列、千禧系列和 CODE 11.59 系列（见图 6.2）。

图 6.2 （从左至右依次为）皇家橡树系列、皇家橡树概念系列、Jules Audemars 系列、千禧系列、CODE 11.59 系列

爱彼皇家橡树系列腕表采用 18K 玫瑰金表壳打造，搭配经反炫光处理的蓝宝石水晶玻璃镜面和底盖及旋入式表冠。手工缝制的方形大鳞片黑色鳄鱼皮表带搭配 18K 玫瑰金 AP 字样折叠式表扣。腕表黑色表盘镌刻大格纹（Tapisserie）装饰图案，搭配玫瑰金荧光立体时标和皇家橡树指针。

皇家橡树概念系列镂空陀飞轮计时码表采用 18K 玫瑰金表壳及表带，高精度陀飞轮展现出爱彼在手工润饰、制作工艺、手工抛光斜边、倒角及锻面处理表面的设计美感与专业技艺。

Jules Audemars 系列是爱彼向其中一位创办始祖奥德马乐献上的崇高礼赞。Jules Audemars 是高级钟表领域里名副其实的先驱者，所催生的系列完美地体现了品牌源远流长的传统价值。

千禧系列外部搭配椭圆形表壳和偏心式表盘，表款的 3D 立体结构完美融合现代设计和卓越机械两大特色。此手动上链款铺镶钻石白金偏心式圆盘，炭灰色印制罗马数字，白色珍珠贝母小秒盘配镶钻圆环，蓝色金质指针。136 颗明亮型切割美钻总重约 0.26 克拉。

4）荣誉殿堂

自 2013 年起，爱彼担任巴塞尔艺术展的全球联席赞助商，每年分别在香港、巴塞尔及迈阿密海滩展会的收藏家会客厅内推出创新概念。

爱彼与高尔夫球运动有着紧密合作关系，多次采用高尔夫球运动员作为品牌代言人，如安德鲁·乔斯顿（Andrew Johnston）、李·维斯特伍德（Lee Westwood）与马特·华莱士（Matt Wallace），并定期在全球著名的高尔夫球场举办独家非公开锦标赛。

爱彼一直关注音乐领域，与蒙特勒爵士音乐节（Montreux Jazz Festival）的合作可谓水到渠成。自 2010 年起，爱彼便开始支持蒙特勒爵士音乐节计划的发展。这一规模宏大的项目致力于对音乐节的音像资料进行数字化处理、修复和保护，被联合国教科文组织（UNESCO）评为"世界记忆"。这项合作也为两个拥有共同理念、涵盖艺术与技术领域的世界搭起了桥梁。

6.3 宝珀（Blancpain）

1）品牌背景

1735 年，瑞士人贾汗-雅克·宝珀（Jehan-Jacques Blancpain）创立了世界第一个注册的腕表品牌宝珀，距今已有近 300 年历史，被誉为"经典时计的缔造者"。宝珀也是世界上极少数可以全部自主设计、研发、制造、组装到销售的腕表品牌。宝珀隶属于斯沃琪集团，是集团旗下最高端的腕表品牌之一。

2）品牌特点

• 宝珀的品牌基因是"创新即传统"，以创新为原则，创造新的时计，将现代技术与行业工序进行整合，从而推动制表艺术迈向新的巅峰。

• 尊重并沿袭机械表制造业的手工制作方法，坚持手工机械表的生产。自创始人贾汗-雅克·宝珀先生开始，宝珀的每一枚顶级复杂机械腕表都完全以手工制作，且均由制表师亲自检查，刻上编号、签名，编号为独立编号，这项传统自诞生起一直延续至今。

• 宝珀积极鼓励制表构造工程师勇于突破极限，雕刻装饰、珐琅微绘及诸如内填珐琅等各种独特的珐琅工艺，都是布拉苏丝大复杂制表工坊装饰艺术工作室以及金雕艺术工作室中的艺术大师们所驾轻就熟的。宝珀尤其注重探索未曾在制表领域运用的新艺术工艺，如日本的赤铜工艺和备长炭工艺以及传统的大马士革镶金工艺。它们都是独属于宝珀的顶级秘笈工艺。

几乎每一款宝珀腕表都采用硅游丝。该材料的性能、抗磁性和精度均优于之前运用的材料。同时，宝珀采用了钛合金（用于制造摆轮）、特殊合金（用于制造发条）、液态金属（用于制造潜水腕表的前圈刻度和深度计功能）、陶瓷（用于制造表壳）以及高精密加工技术（用于制造齿轮的轮片和齿轴）。

3）经典之作

宝珀的经典之作包括经典系列腕表、五十英寻系列腕表、女装腕表系列、艺术大师系列腕表（见图 6.3）。

图 6.3　（从左至右依次为）宝珀经典系列腕表、五十英寻系列腕表、女装腕表系列、艺术大师系列腕表

宝珀以品牌诞生地维莱尔镇为这一经典系列命名。该系列表款植根于品牌悠久的历史传统，代表着品牌根深蒂固的文化基础，体现其精益求精的美学理念。简约的线条、明朗的表盘、精致细腻的双表圈表壳演绎着经典优雅的精髓所在。

20 世纪 50 年代，首款五十英寻腕表一经推出，便因实用性迅速从其他类腕表中脱颖而出，它是完全为专业潜水而设计的腕表。五十英寻腕表采用醒目的夜光刻度和夜光指针，与黑色表盘形成鲜明对比；精钢材质的表壳搭载逆时针单向旋转表壳前圈，内置软铁防磁金属罩——确保了机芯运转免受磁场的干扰。以上这些决定性的技术特征，令五十英寻腕表成为潜水类腕表的标杆，誉满全球。

从 20 世纪 30 年代起，宝珀推出首款自动上链女装腕表，在女装腕表发展史上起到了开创性的先锋作用。从那时起，宝珀不断创新，使机芯小型化，为女装腕表配备了之前专属于男装腕表的复杂功能。从美学角度来看，这一优雅系列延续了宝珀的基本品牌价值理念。

宝珀所展现的手工装饰细节工艺与技术，代表着沿袭百年的制表历史传统。这些装饰工艺为美学和精湛技术注入了情感元素。每一件设计独特的腕表作品都经过品牌布拉苏丝大复杂制表工坊艺术大师工作室的精心打造才得以面世。在这里，品牌工匠大师传承精湛的工艺技术，沿袭传统，砥砺前行。宝珀品牌诞生至今只生产圆形机械腕表，从未生产过石英表。

4）荣誉殿堂

• 2019 年农历新年，宝珀隆重推出全新中华年历"亥猪"限量版腕表（见图 6.4），作为一纪生肖轮回的压轴登场，预示着新年吉祥、五谷丰登，以及对崭新开始的美好期待。全新中华年历表搭载了 3638 自动上链机芯，其复杂程度远胜于万年历功能。

图 6.4　宝珀中华年历限量版"亥猪"腕表

• 作为历史悠久的腕表品牌，宝珀以深厚的中华古典文化及帝制历史为灵感，由艺术大师工作室打造了一个包含四枚腕表臻品的独特主题——中国古代四大美人（见图6.5）。倾城容貌和动人故事，悉数刻画在四枚独一无二的腕表上，充分彰显了品牌的卓越性和创造力。

图 6.5　宝珀"四大美人"高级定制腕表

6.4　宝玑（Breguet）

1）历史发展

1775年，阿伯拉罕-路易·宝玑在巴黎的钟表堤岸（Quai de l'Horloge，Ile de la cité）开始创业。1780年，阿伯拉罕-路易·宝玑推出首款配备摆轮锤和双发条盒的"perpétuelles"自动上链表主要产品系列。1838年，英格兰维多利亚女王在登基一年后购买了一块宝玑表。1999年，斯沃琪集团收购宝玑。2009年，宝玑推出经典复杂系列三问腕表。此时计搭载经完全重新设计的机芯，采用新型材质制作，并对音簧、音叉和音锤位置进行了革新。

2）主要产品系列

宝玑经典之作包括传世系列、经典系列和航海系列等（见图6.6）。

　（a）传世 Dame 7038　　　（b）传世 7097　　　（c）传世 7077　　　（d）传世 7047

| (e) 经典 5177 | (f) 经典 Dame 9087 | (g) 经典 Dame 9088 | (h) 经典 5157 |

| (i) 航海 Dame 9518 | (j) 航海 Dame 9517 | (k) 航海系列陀飞轮
时间等式腕表 5887 | (l) 航海系列 5547
音乐闹铃腕表 |

图 6.6 宝玑主要产品系列

3）工艺特点

宝玑于 1786 年开始为腕表装配设计独特的手工镌刻银质或金质表盘。手工机镂雕刻图案是宝玑腕表的标志性特色之一。著名的手工雕刻表盘具有极高的识别性，精湛的手工镌刻表盘图案优雅脱俗，反映内里的机芯同样整齐有致。

手工镌刻表盘堪称真正的艺术杰作，它由实金片镌刻而成，首先以手工雕刻刀，根据个别型号的设计，在表面勾画轮廓及挖空预留动力储备显示、月相盈亏及小秒盘等位置，接着便开始进行手工镌刻，镂刻细腻的防眩光无光表盘。制表师为每块时计选配独特图案，包括巴黎鞋钉纹、巴黎卵石纹、太阳放射纹、大麦纹、波浪纹、十字交织、图案、棋盘、火焰等，在使表盘清晰易读之余，更为腕表增添了独特魅力。

即使今天，宝玑工匠依然采用逾百年历史的手工雕刻机。熟练的工匠以精确度不差于十分之一毫米的雕刻机，镌刻出复杂的图案，展现其超凡的技艺。人手镌刻的每个程序讲求工匠的眼明手巧，车床只是一个协助的工具。

表盘板经手工精心镌刻后，接下来是拥有 200 多年历史的镀银工序：视锻面的具体规格要求，以打圈或直线动作于表盘板上细心扫上银粉。

今天的宝玑除了手工镌刻格状饰纹于金质表盘外，还将这种唯美工艺用于纤弱易碎的贝母表盘上，尽显引人入胜的超凡技艺。宝玑表框上的钱币饰纹（双排串珠形）是闻名遐迩的品牌标志,展现了宝玑时计的含蓄修饰细节。一如过往的经典作品,宝玑大部分当代型号均带有饰纹表框,于表坛上独树一帜。工匠把饰纹冷轧到表框上,并以机械夹钳紧,以手工制成。

6.5 芝柏(Girard-Perregaux)

1)品牌背景

芝柏腕表品牌由吉拉德(Constant Girard)和鲍特(Jean-Francois Bautte)夫妇于1856年共同在瑞士创立。芝柏腕表也是世界上最古老的五大制表品牌之一,经过近200年的时间洗礼,瑞士制表工艺的传承和历史文化积淀造就了芝柏表在瑞士顶级制表品牌中至高无上的地位。芝柏是世界上仅存的真正瑞士制表商之一,其能够提供种类完整的顶级机芯(超过100个型号)和享有盛誉的机械腕表系列。

2)设计特点

每一只以芝柏表命名的手表,都由芝柏表的设计师、工程师以及制表师一丝不苟地构想和制造出来。每一枚机芯,都由专家用手工装嵌、雕刻与装饰。这些专家,具备制表师一代代小心流传下来的特别技能。同时,机芯通过了几个不同制造步骤的品质测试,为出色的工艺和全面的耐用性提供了保证。皮带均用一流的高品质的素色皮料手工制成。表带扣的金属,与表壳相同。每一个芝柏表型号,都有不同的表面供选择。各零售商都会乐于为消费者就此作详细介绍。

3)经典之作

芝柏经典之作包括Vintage 1945系列、桂冠系列、猫眼系列和金桥系列(见图6.7)。

图6.7 (从左至右依次为)Vintage 1945系列、桂冠系列、猫眼系列、金桥系列

4) 天际行者

蔚蓝如地球,漆黑如太空。2019 年,芝柏表开启了与浩瀚宇宙的精彩对话,如今更以充满浪漫诗意的 1966 系列天际行者腕表(见图 6.8)点亮夏日风景。

外逸层是地球大气层的最外层。与生俱来的深沉黑色,几乎与星际空间融为一体。同样,这款全新演绎的经典之作也以黑色为主色调,宛如浩渺无垠的太空。无论是经过 DLC 微喷砂处理的黑色精钢表壳,还是配以优雅蓝色缝线并呈现哑黑色橡胶质地的一体式鳄鱼皮表带,都如夜色般优雅而迷人。

图 6.8　芝柏天际行者

精致的弧面表盘以深蓝色妆点,正是从视觉上呼应我们所居住的这颗蓝色星球。地球表面的 70% 被水覆盖。这些元素交相辉映,共同演绎一场以地球为背景的现代舞蹈,绚丽夺目,令人心醉。

这款经典腕表如今以崭新天际行者的面貌登场,采用让人一见难忘的蓝、黑色调。表盘上除了时针、分针和中央秒针外,6 点钟位置加入指针式日期显示,31 日以红字标示,环绕隽永优雅的月相显示,轻松读取,易于调节。腕表全年 365 天展现不断变换的星空,略带弧度的柳叶形指针优雅地划过巴顿时标,在直径 40 毫米的空间上,所有设计散发着浓郁的现代气息,但绝非随波逐流。

从整体设计到手工细节,1966 系列天际行者腕表尽显品牌严谨而精细的制表工艺。沿袭品牌的悠久传统,芝柏表为该表款配备了久经考验、超凡雅致的 GP3300-0115 机芯。手表由 276 个零件构成,6 种不同表面修饰均出自技艺精湛的制表大师之手。

透过金属化处理的防反光蓝宝石水晶玻璃底盖,可欣赏到经过精细珍珠圆点打磨纹,倒角及镜面抛光工艺处理的主夹板和桥板,以及蓝钢螺丝和饰有日内瓦波纹的摆陀,精致细腻,流光溢彩。1966 系列天际行者腕表具备至少 46 小时的动力储存,防水性能可达 3 个大气压,相当于 30 米防水深度。

6.6　格拉苏蒂原创(Glashütte Original)

1) 品牌背景

1845 年,著名表匠费尔迪南多·阿道夫·朗格受德国政府资助,在德国东部的格拉苏蒂建立了钟表生产基地,之后便创建了格拉苏蒂原创腕表品牌。格拉苏蒂原创的血脉源于已拥有 170 多年制表历史的德国制表重镇格拉苏蒂,历经岁月的起伏,格拉苏蒂原创延续着德国悠久的制表传统,继续书写着德式高级制表的传奇。

2) 设计特点

格拉苏蒂原创旗下全系列腕表 100% 装载自制高级机芯,秉承传统德国手工制表工艺。每一款格拉苏蒂原创腕表都是独一无二的艺术品,传递着佩戴者高贵的品位。格拉苏蒂的腕表设计比较简单、实用,体现了德国传统腕表的设计特色,不像许多瑞士腕表一样追求表盘的精美设计。凭借坚毅奋斗的精神和精益求精的品质保证,格拉苏蒂原创重新屹立于表坛。全新的发展方向源于一种与时俱进的睿智。

3) 经典之作

格拉苏蒂原创的经典之作包括议员系列、偏心系列、开拓系列和复古系列(见图 6.9)。

图 6.9　(从左至右依次为)议员系列、偏心系列、开拓系列和复古系列

4）荣誉殿堂

在第 69 届柏林国际电影节上,苏丹电影导演苏哈伊布·加斯梅尔巴里(Suhaib Gasmelbari)凭借关注苏丹电影历史的《与树对谈》(*Talking About Trees*)荣获格拉苏蒂原创纪录片大奖,格拉苏蒂原创向其表示衷心的祝贺(见图 6.10)。该奖项由萨克森制表厂赞助,含 50 000 欧元奖金,在柏林电影宫举行的官方颁奖典礼上发布。2019 年,格拉苏蒂原创依然以赞助商的身份支持第 69 届柏林国际电影节。

图 6.10　苏哈伊布·加斯梅尔巴里荣获第 69 届柏林国际电影节格拉苏蒂原创纪录的大奖(左)及奖杯(右)

6.7　高珀富斯(Greubel Forsey)

1）品牌背景

高珀富斯腕表品牌诞生于 1999 年。一直以来,该品牌以高复杂表为设计中心,2019 年一次性发表的三枚陀飞轮腕表,绝对可以与宝玑的马可波罗飞轮 Relatif 及宝玑的双陀飞轮相媲美,同获最佳创意奖。

2）设计特点

高珀富斯差动四体陀飞轮精确巧妙的设计,代表了收藏家与制表师罗伯特·高珀(Robert Greubel)和司帝芬·富斯(Stephen Forsey)的一种特殊联系。

罗伯特·高珀与斯蒂芬·富斯专注于创新以捍卫他们心目中坚定走技术路线的钟表的精神,什么也无法阻挡他们对于出类拔萃品质的不懈追求。

高珀富斯的设计采用了具有系列特色的圆形表壳,而腕表的三维结构设计让人可以欣赏到机械之美。

3）经典之作

高珀富斯经典之作包括双重摆轮系列、GMT 系列和 Différentiel d'Égalité 系列（见图 6.11）。

图 6.11 （从左至右依次为）双重摆轮系列、GMT 系列和 Différentiel d'Égalité 系列

4）荣誉殿堂

瑞士高级制表基金会文化理事会的评审团由近 50 位独立专业人士组成,负责每年向钟表业界杰出人士及专才颁发"向天才致敬"及"向激情致敬"大奖,以表彰其创意、企业管理精神以及不同领域的工艺技术成就。

2018 年（第六届）"向天才致敬"及"向激情致敬"大奖颁奖典礼,于 4 月 18 日在日内瓦时间之城隆重举行,高珀富斯凭借顶尖制表技术荣膺"向天才致敬"大奖,而"向激情致敬"大奖得主法兰柯·柯隆尼（Franco Cologn）则将奖项献给已逝的业界巨擘尼古拉斯·海耶克以示致敬（见图 6.12）。

图 6.12　2018 年"向天才致敬"及"向激情致敬"大奖颁奖典礼

6.8　宇舶（Hublot）

1）品牌背景

于 1980 年诞生于瑞士的高端腕表品牌宇舶仅拥有半个世纪不到的短暂历史，它是首家融合贵重金属和天然橡胶为原材料的瑞士顶级腕表品牌。它的诞生无论是从制表材料还是从其演绎的蕴含科技风的独特美学概念，在钟表界都掀起了一波浪潮。

2）品牌特点

• 宇舶表广泛地汲取和采用先进制表艺术和制表科技，将瑞士传统手工制表技法与 21 世纪高新材质和制造工艺相融合。

• 宇舶表在瑞士高端腕表的市场中，寻求突破口，致力于将瑞士传统手工制表技法与 21 世纪高新材质和制造工艺相融合，以其金等贵金属与橡胶相融而制成的原创舷窗型表壳而闻名。

• 宇舶表极具科技风、略带一丝叛逆意味的设计，使其获得了追求时尚潮流的年轻人的青睐。每个宇舶表表壳都印有相同的醒目商标，包括可见"H 型螺钉"，显著的表圈和雕塑式表壳。

3）经典之作

宇舶经典之作包括 Big Bang 系列 Unico GMT、Big Bang 系列 Unico Sang Bleu、MP 法拉利系列和经典融合系列（见图 6.13）。

图 6.13 （从左至右依次为）Big Bang 系列 Unico GMT、Big Bang 系列 Unico Sang Bleu、
MP 法拉利系列和经典融合系列

Big Bang 系列 Unico GMT 两地时王金蓝色陶瓷表表壳采用锻面拉丝和抛光 18K 王金，蓝色陶瓷表圈由 6 颗 H 型螺钉锁紧，设计新潮、巧妙且更凸显技术。其搭载的 Unico 自主机芯是宇舶表最具标志性意义的计时机芯，使用了硅制的擒纵轮和擒纵叉，硅的材质可以在保证稳定性的前提下起到润滑作用。

在 2019 年 6 月的巴塞尔表展上，宇舶再次与知名刺青工作室 Sang Bleu 合作，推出又一款利用几何图形巧妙构思的 Big Bang Sang Bleu II 刺青腕表。刺青 II 王金采用抛光和锻面拉丝 18K 王金表壳及表圈，同样以 6 颗 H 型钛金螺钉锁紧。指针元素包括两个狭长的菱形、两个六边形以及一根笔直细长的指针。搭载了宇舶表自制的 HUB 1240 Unico 飞返自动上链计时机芯。机芯振频达到每小时 28 800 次，动力储存长达 72 小时，防水深度 100 米。

宇舶 MP 法拉利系列 GT 3D 碳纤维自动上链腕表采用黑色橡胶和 Schedoni 真皮表带，防水深度达 100 米或 10 个大气压。自法拉利 Gran Turismo 世界中汲取灵感，打造出富有韵律且极具当代美感的腕表新作。宇舶 MP 法拉利系列 GT 腕表外形醒目、别具动感，并搭载全新 Unico 自产机芯。腕表整体散发浓厚的现代气息。

宇舶经典融合系列镂空月相黑色魔力表的月相显示缔造出美妙绝伦的深邃之感，两轮饱满而圆润的月亮交相辉映于表盘 6 点钟方向，设有 13 毫米直径圆形窗口，重现月亮周期。透过半透明的磨砂玻璃，两轮月亮图案相互交替，轮流呈现。

4）荣誉殿堂

宇舶表在营销上尽可能与体育运动、娱乐明星等合作，相继推出了法拉利车队 90 周年纪念腕表、UNICO 高尔夫系列腕表、MEGA-10"尼基·詹姆"系列腕表，合作伙伴包括球王贝利、法国足球天才姆巴佩、切尔西足球俱乐部、世界高尔夫球冠军贾斯汀·罗斯（Justin Rose）等，并承担了 2018 年俄罗斯足球世界杯的官方计时。

· 作为一个年轻的品牌，宇舶不断探索可能的品牌创新道路，将经典的瑞士制表工艺与经典相结合。宇舶表于 2010 年庆祝品牌成立 30 周年之际，推出了第一款完全自主生产的机芯——Unico，这一研发速度在制表业可以说是奇迹。

· 新颖的 Unico 机芯包含不少于 330 个装配零件，配备整合导柱轮机构的飞返计时装置，该装置设于机芯的表盘一侧，如此独特的布局在高级钟表领域也属罕见。自诞生以来，Unico 机芯还融入更多功能和复杂技术，包括世界时间 GMT 功能，以及用于为足球比赛计时的专利双逆跳计时装置。

6.9　HYT

1）品牌背景

HYT 秉持着独特创新的理念，借鉴传统高级制表技艺并作大胆的尝试，独树一帜。HYT 的液态机械制表师以超凡的制表技艺，打造一枚糅合液体与机械的腕表，可谓腕表界的炼金术士！HYT 的腕表乌托邦从此活现于世。

2）设计特点

以水来显示时间，绝对是制表界的巨大挑战。将水的能量运用于便携式腕表中。HYT 腕表，一枚充分体现品牌理念的高级复杂腕表——大胆创新、具前瞻性的制作，以及对高品质的追求。此枚腕表亦应对了品牌不因循守旧的同时，亦能制造出一枚能清楚显示时间的"时间显示器"。

3）经典之作

HYT 经典之作包括 H1 ICEBERG 系列、H1 DRACULA 系列、H2 WHITE 系列和 H2 SQ 系列（见图 6.14）。

图 6.14 （从左至右依次为）H1 ICEBERG 系列、H1 DRACULA 系列、H2 WHITE 系列和 H2 SQ 系列

4）绽放北京

2015 年 1 月 28 日，在北京的国贸三期酒店，HYT 举行了北京表友见面会，向各位资深表友们介绍他们的 H1 和 H2 液压动力机械腕表（见图 6.15）。HYT 至今为止拥有两代液压动力机械腕表，H1 和 H2。于 2012 年问世的 H1 有一个圆环形的蓝宝石空心管，由一个特殊设计的机械机芯驱动一个高科技的风箱把油压入空心管，一部分液体是有荧光的绿色，用以指示时间，另一部分是透明的，油体每 12 小时回流归零一次。由于使用独特的配方，两种油不会混合，使得小时的读取极为简单明了，分钟的显示则采用传统的指针方式。

2014 年推出的 H2 腕表，在显示形式上与 H1 有所区别，加入了机芯镂空工艺，液压储液槽的位置也有所改变，但在原理上还是一样的。液压动力机械腕表最关键的三个零件。圆形蓝宝石空心管，内壁的涂层经过特别处理，绝对不会让管内的液体有挂壁现象出现。荧光色的水溶液，经过长时期的实验与研究，确保了不会与管内的油所融合。液压储液槽来自美国的一个工厂，此工厂只为美国国家航空与航天局提供技术工艺。

图 6.15 HYT 在北京举办了表友见面会活动

6.10　万国（IWC）

1）品牌背景

1868 年，美国制表先锋人物佛罗伦汀·阿里奥斯托·琼斯（Florentine Ariosto Jones）在瑞士沙夫豪森创立了万国表品牌。他在卓越瑞士制表师的协助下，利用现代科技以及莱茵河河畔的水电能源，制造出高品质的腕表机芯。

150 余年来，万国一直秉承对细节一丝不苟的精神，在他们的制表工坊手工打造机械腕表。品牌的六大腕表系列（海洋时计系列、工程师系列、葡萄牙系列、飞行员系列、达文西系列、铂涛菲诺系列）融合精准工程结构和卓越、隽永的设计，将融合前卫技术和独特情感的杰作呈现于腕间。

2）经典之作

万国经典之作包括海洋时计系列、工程师系列、葡萄牙系列、飞行员系列、达文西系列和柏涛菲诺系列（见图 6.16）。

图 6.16　（左起）海洋时计系列、工程师系列、葡萄牙系列、飞行员系列、达文西系列和铂涛菲诺系列

3）品牌特点

万国表每一个产品系列都代表着一个不同的主题：精准与航海（海洋时计系列）、科技力量（工程师系列）、集大成者（葡萄牙系列）、军事风（飞行员系列）、奢华（达文西系列）、优雅与简约（柏涛菲诺系列）。对最高水平的工艺的渴望继续推动着万国表向前发展，并以其制表艺术的创新方式而闻名于世。

在瑞士制表业,沙夫豪森宛若孤岛,因为瑞士大部分表厂都在瑞士西部。如此不寻常的地理因素使万国表自1868年创立伊始就孕育了其特有的企业理念——对制表的热情、不懈进取以及对完美工艺的追求。坐落于莱茵河畔的万国表专注于技术与研发,不断制作具有持久价值的精准腕表,追求创新方案和独创技术,在国际上赢得广泛赞誉。

作为专业奢华腕表领域的世界领先品牌之一,万国表糅合卓越的工程技术、精准无比的性能和独一无二的设计,打造体现高级制表艺术最高境界的典范之作。自1903年以来奉行的品牌箴言"Probus Scafusia",即"源自沙夫豪森的非凡技术与精湛工艺",不但是一大挑战,更是其激情所在。

万国表将精密工程学与独家设计相结合,制造经久耐用的精美腕表,保证产品在本质上均符合可持续发展理念,全力推行"负责任消费和生产"和"体面工作和经济增长"两大目标,精心呵护负责任制表商的企业形象。

4)荣誉殿堂

2018年12月,世界自然基金会(WWF)发布官方报告,包含对瑞士15个主要钟表及珠宝生产商的环保评级。其中万国表排名第一,获得高评分("Ambitious")。万国公司作为唯一获得"Ambitious"高评分的生产商,在报告中被评价为"认真坚持向可持续发展的转型,但同时还有极大的进步空间(serious commitment towards a sustainable transformation,but with substantial potential for improvement)"。

2019年12月11日,世界品牌实验室独家编制的2019年度(第16届)《世界品牌500强》排行榜在美国纽约揭晓,万国排名第187位。

6.11 积家(Jaeger-LeCoultre)

1)品牌背景

由安东尼·勒考特(Antoine LeCoultre)在1833年创建于瑞士汝山谷的第一家积家大工坊,在这近两个世纪的历史的演变,成为制表历史上举足轻重的钟表品牌。积家是顶级制表行业的先驱,不仅将精确计时技术和精湛艺术天赋进行糅合统一,对整个制表业的发展也做出卓越的贡献。

2)品牌特点

积家拥有无数开创新猷、享誉表坛的产品,积家的制表大师、工程师和设计师们紧密配合，遵循精湛传统制表工艺的同时不断追求技术创新，对制造的每一枚钟表都倾注了高度的热情。每一款杰作，都传承了积家 180 多年之久的制表工艺。近 40 项顶尖工艺，在钟表的制作过程中与汝山谷的高贵传统完美融合。

3）经典之作

积家经典之作包括大师系列、翻转系列、约会系列和北宸系列（见图 6.17）。

图 6.17　（从左至右依次为）大师系列、翻转系列、约会系列和北宸系列

大师系列摒弃了配饰的束缚，专注打造核心部件。简约而华贵，时尚而端庄，辨识度高，有三个子系列可选：超卓传统大师系列（Master Grande Tradition）、超薄大师系列（Master Ultra Thin）、大师系列（Master Control）。虽然每款腕表都有各自的特色和功能，但它们都具有相同的圆形外观和精致细节。

在 20 世纪 30 年代初，翻转系列手表诞生于一场挑战中，挑战的内容是设计一款能够在印度的英军军官们参加的马球比赛中经受猛烈撞击的手表。表盘能够轻松地通过翻转表壳隐藏起来，呈现出表壳背面，能够使表盘免受球棍的撞击。它既能通过珠宝装饰体现女性的柔美气息，又能通过错综复杂、具有美感的显著外观体现男性的硬朗之气。

约会系列风格低调沉稳，气质考究优雅，搭配月相显示映衬深邃缥缈的蓝色漆饰星空表盘，表圈镶嵌有 60 颗钻石，防水深度 5 巴。

北宸系列腕表专为不同环境的都市探险者而打造，运动风格十足，尽显积家大工坊的优雅气质。融合日历、闹铃、计时、世界时间计时等实用功能，专为现代男士而设计，满足出行需求。

4）荣誉殿堂

- 积家共计发明了 1 231 枚机芯，获享 398 项注册专利，不断超越自我，连创佳绩，堪称高级制表业界中的典范。

• 2019 年 6 月,积家全力赞助威尼斯双年展之第 76 届威尼斯国际电影节。

• 自 1895 年获得全球首个静默敲击调节装置专利起,积家一直将鸣响腕表领域的锐意求新作为品牌专业技艺的基石之一。

6.12　MB & F

1）品牌背景

由马西米连·巴瑟(Maximilian Büsser)先生于 2005 年在瑞士创立的 MB&F 腕表品牌所有的作品都奠基于传统制表业里最精华的部分,巴瑟也一直希望制作更能彰显出悠久制表传统的作品。

2）设计特点

MB&F 腕表品牌立足于非常单纯及根本的理想:每年集合才华横溢的钟表匠、艺术家和专业人士,专门设计及打造先进、原创的钟表杰作。

MB&F 腕表品牌的经典设计有着大尺寸而稳健的摆轮、弧型面盘,传统的古典桥板设计以及绝佳的表面打磨,它糅合了现代化与传统优雅的风格。

MB&F 腕表品牌设计精巧绝伦,充满机械感,没有把摆轮留在一般表会安排的位置,藏在低调的桥板侧,而是让摆轮占据了所有的目光焦点,它不但被移到机芯本体之外,甚至在面盘之上。

3）经典之作

MB&F 经典之作包括 N1 Xia Hang 系列、Sherman 系列、雷霆系列和 Horological Machine No. 6 SV 系列(如图 6.18 所示)。

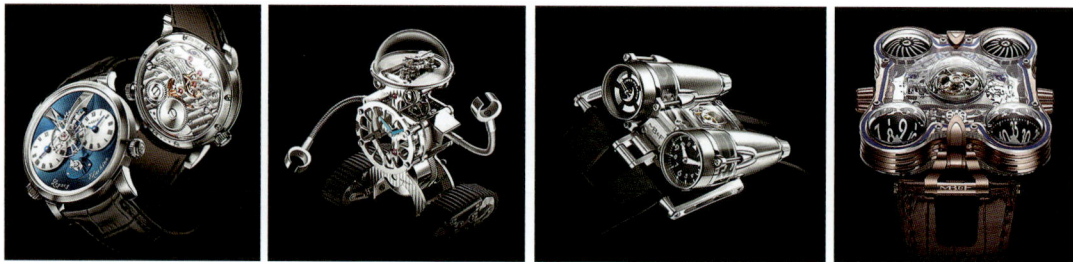

图 6.18　（从左至右依次为）N1 Xia Hang 系列、Sherman 系列、雷霆系列、Horological Machine No. 6 SV 系列

4）跨界合作

MB&F总是尝试在风格上不落俗套，如2016的LM1 Silberstein又与2011年首发的MB&F LM1不太一样，与"表现艺术"（与第三方，如艺术家或其他手表设计师，联袂打造的）中的任何一款都不一样。LM1 Silberstein就显得更耐人寻味，是与法国的钟表设计师萧伯斯坦联手打造的，这算得上两家第二次的联姻。

如图6.19所示，腕表机芯配备了科幻感十足的摆轮，原本LM1采用金属材质的悬吊式摆轮桥板，在本款腕表上，则改用蓝宝石水晶，不仅脱离了原本愤怒鸟的样貌，也让摆轮的视觉效果更为强烈，且呈现新潮的设计感。

图 6.19　MB&F LM1 Silberstein 腕表机芯

LM系列最核心的元素应该要数悬吊式的摆轮和对称的构图，萧伯斯坦这次也针对这些重点着手；从表面上方延伸到中央的摆轮表桥原本是采用V字形的双臂型，特别版在这里却改成了单一吊臂，而且还使用了透明素材，这样即便吊臂从擒纵器的正上方横过却也不会造成任何遮蔽（或许这正是他们选择透明素材的理由）。

分据表面左右的双面盘原本是蓝钢针、搪瓷面、罗马数字的古典组合，特别版却换成了萧伯斯坦最具代表性的彩色三角形指针；原本左右两个面盘应该可以变化出不同花样的，不过这里却遵从原版的设计思路，除了品牌标志之外两边完全相同。

6.13　沛纳海（Officine Panerai）

1）品牌背景

沛纳海（Panerai）创立于1860年，以精密机械及卓越品质著称，最早是为意大利皇家海军制作精密仪器和腕表,如今沛纳海已经成为世界知名的高级运动腕表品牌。凭借源自大海的设计灵感,沛纳海将品牌定位为运动、休闲领域中的高档腕表。意大利的设计风格和瑞士的专业技术,使得沛纳海每一款表都拥有鲜明的品牌风格和优异的质量。

沛纳海曾数十年担任意大利海军供应商,并特别为潜水队员们提供专业高精密仪器。沛纳海设计出的包括庐米诺及镭得米尔腕表长久以来被视为军事机密。沛纳海设计风格源自意大利的设计及历史,沛纳海品牌的机芯及工艺的研发均在其位于诺沙泰尔的制表厂完成。

2)产品特点

镭得米尔 Logo 腕表和 Black Seal Logo 腕表是秉承沛纳海宏大使命而推出的两款全新典范力作:从品牌历史上的经典表款汲取创意灵感打造全新腕表,同时融入符合现代高级制表工艺前沿标准的先进技术。

沛纳海镭得米尔 1940 全新系列,探索变幻莫测的海蓝色调。

品牌从沛纳海的历史表款汲取灵感,对庐米诺 1950 表壳的美学特征加以改进,设计上更时尚、更精致,对细节的处理更加精巧。9 点钟位置设小秒针显示是众多沛纳海腕表的鲜明特征之一,尤其在庐米诺和庐米诺杜尔腕表上。

庐米诺 1950 荟萃沛纳海研制计时工具的成果,而庐米诺杜尔的造型正是参照庐米诺 1950 的表壳设计。所有元素均直接传承品牌的历史,并于设计上略加改动,丰富腕表的多面运用,糅合造型线条简约、清爽的运动风格,同时适合在庄重而特别的场合佩戴。

3)经典之作

沛纳海经典之作包括镭得米尔系列、庐米诺系列和庐米诺杜尔系列(见图 6.20)。

图 6.20 (左起)镭得米尔系列、庐米诺系列和庐米诺杜尔系列

6.14　百达翡丽(Patek Philippe)

1) 历史发展

1838 年,有一块腕表在瑞士日内瓦的一间普通厂房里诞生了。

1839 年 5 月 1 日,波兰商人安东尼·诺克·百达(Antoine Norbert de Patek)和钟表匠弗朗西斯·查皮克(Franciszek Czapek)在日内瓦共同成立了名为"Patek,Czapek & Cie"的钟表公司。

1844 年,百达在巴黎巧遇法国钟表匠让-阿德里安·翡丽(Jean-Adrien Philippe)。当时,翡丽先生向他展示了利用表冠实现柄轴上弦和设置时间的创新系统。

1845 年,查皮克决定离开公司自立门户,公司名称变为"Patek & Cie"。

1851 年,翡丽先生正式加入公司,公司因此更名为"Patek Philippe & Cie"。

1886 年,获得"日内瓦"标志的钟表制造商,并且是仅存的在原厂完成全部制表工艺的公司。

1901 年,公司再次更名为"Ancienne Manufacture d'Horlogerie Patek Philippe & Cie,S. A."。

1932 年,斯登家族入主百达翡丽,如今公司的管理决策由总裁泰瑞·斯登(Thierry Stern)、荣誉主席菲力·斯登(Philippe Stern,泰瑞的父亲)和首席执行官克劳德·培尼(Claude Peny)共同作出。担任总裁期间,壮志满怀的菲力·斯登先生策划实施了多个重要项目,成就了这一日内瓦制表工坊的历史篇章,其中包括百达翡丽博物馆等设施兴建工程以及 Calibre 89 等非凡的计时杰作。泰瑞·斯登立志确保百达翡丽在制表技术领域的先锋地位,从而不断提高时计的长期品质和可靠性能。

1996 年 10 月,《百达翡丽国际杂志》正式发行。

2001 年,菲力·斯登建立"制表艺术的圣殿",百达翡丽博物馆正式对外开放。

2005 年,百达翡丽正式落户中国,首驻上海外滩 18 号。

2018 年,百达翡丽推出 Twenty～4 自动机械腕表 Ref. 7300。

2) 工艺特点

百达翡丽机芯研发部由一支由合资格的工程师、技师、工匠组成的队伍,他们创造新的机芯、新的功能、提升机芯的可靠性、完善机芯零件的制造技术并决定必须遵守的制造误差。

百达翡丽是瑞士极少数能够完全在内部掌握从开发到最后组装所有制造工序的钟表公

司。优良的产品质量需要先进的工具和精湛的技艺,也需要前沿技术与传统手艺的长期经验相结合。

百达翡丽时计的美学魅力不仅在于赏心悦目的外观,它还展现了一种完美的机械构造。这些设计能够在滚滚而逝的时尚洪流中岿然不动,始终散发着现代魅力。百达翡丽树立了低调内敛、永恒优雅的独特风格:完美融合了个性与稳重、优雅与独特。这种风格缔造出众多名副其实的经典钟表。它诠释了腕表的创造诞生和不断演变,始终保留着令人难以抗拒的魅力,无论是过去、现在,还是未来。

百达翡丽承袭日内瓦的优良制表传统,致力于传承并发扬历史悠久、珍稀精湛的钟表装饰工艺。每年,百达翡丽都会打造多款限量发售、甚至独一无二的珍稀工艺,展现百达翡丽丰富而独特的灵感源泉。百达翡丽的现代珍稀工艺系列囊括腕表、怀表和圆顶座钟,采用各式各样的珍稀装饰工艺,彰显别具一格的非凡魅力。

3) 主要产品系列

百达翡丽主要产品系列包括超级复杂功能时计系列、复杂功能时计系列、Calatrava 系列、Gondolo 系列、Golden Ellipse 系列、Nautilus 系列、Aquanaut 系列、Twenty～4 系列和怀表系列(见图 6.21)。

图 6.21　百达翡丽的产品系列

4）品牌形象构建

日内瓦沙龙或许是同类建筑中的佼佼者。1853 年，随着公司规模的不断扩大，百达翡丽需要一个更大的制表场所，于是迁入罗讷大街的一幢两层建筑。

公司最初签订了 15 年的租约，时至今日已经延续了近 170 年，这栋建筑也早已成为日内瓦一处标志性城市地标。

对百达翡丽来说，巴黎是一座有着特殊意义的城市——1844 年，百达正是在这里邂逅翡丽，并由此开创出一段钟表传奇。

不过，直到 1986 年菲力·斯登才决定建立日内瓦之外的第一座百达翡丽沙龙，地址选在巴黎寸土寸金的蒙田大道（Avenue Montaigne），唯一的缺憾或许是这里主要以高级定制时装店为主。

伦敦或许称得上"世界的十字路口"，传统理念与极致的现代风格在这座节奏飞快、活力四射的城市碰撞磨合。百达翡丽沙龙恰好就坐落在邦德街（Bond Street）正中的十字路口，这里是参观者、游览者和购物者汇聚的动感时尚中心，也是高雅品位的代名词。

作为一家独立经营的家族企业，百达翡丽拥有完全的创作自由，去设计、生产、组装经专家一致认定的世界上最优秀的钟表。拥有丰富的经验以及 70 多项专利，百达翡丽是唯一一家所有机械机芯的工艺全都严格符合"日内瓦印记"标准的制造商。这些世代相传的珍贵、永恒优雅的腕表，是前沿技术与传统制表工艺的完美结晶。

如今，百达翡丽所有设施包括位于日内瓦普朗莱乌特镇（Plan-les-Ouates）的制表坊和总部、位于佩尔利（Perly）的表壳和表链制造坊，以及位于普兰帕莱（Plainpalais）的百达翡丽博物馆，还有位于日内瓦、巴黎、伦敦的百达翡丽沙龙。

从一开始，百达翡丽钟表便获得鉴赏家们由衷的高度赞誉。创新精神是百达翡丽制表的永恒主题，不断提升腕表的耐用性与可靠性。在现有系列中，百达翡丽推出了多种型号款式，其中许多都被推崇为杰出佳作。2011 年，巴塞尔国际钟表珠宝展上，百达翡丽呈现了永恒经典的作品，展出的超级复杂功能腕表成为以精密微机械工艺打造高级复杂杰作的典范，令高级制表收藏家和爱好者欣喜不已。

6.15 菲利普杜弗（Philippe Dufour）

1）品牌背景

菲利浦·杜弗先生目前是独立制表师协会（Academie Horlogere Des Createurs

Independants，or The Horology Academy of Independent Watchmakers）会员。从 15 岁到 60 岁，这位大师一共做了 165 块表。他的表代表了一个人对于完美的绝对意志。

1949 年出生于瑞士钟表山谷的村庄勒舍尼（Le Chenit，Valley de Joux），15 岁进入本地技工学校研习制表技术。

1967 年，18 岁的他加入积家公司，成为现代制表大师加布里埃尔·卢卡特利（Gabriel Locattelli）的学徒。

1974 年他加入爱彼公司，在制表大师杰拉尔德·尊达的指导下工作，直接参与了皇家橡树的开发。

1989 年，40 岁的杜弗大师决定开创自己的独立工作室，他当年的作品大小自鸣三问表（Grand & Petite Sonnerie Minute Repeater）在巴塞尔世界表展上技惊四座。

1996 年，他又推出世界第一枚配备双擒纵装置的腕表 Duality。

2000 年推出新系列 Simplicity。从那之后，大师一直坚守着这三个表款系列，每年就仅凭借自己的手工制造，来满足全球各地顶级表友和藏家的订单。

2）设计特点

杜弗先生采用最传统的方法制表，是至今唯一仍然恪守传统方法制表的大师。他坚持全手工制作，除了表镜、表壳、指针、表盘、宝石轴承、摆陀游丝和发条游丝不是他制作的之外，从机芯内的基板到摆陀、从齿轮到轴芯都是在他那小得可怜的工作室内，用古老传统的机械制作出来的。

3）经典之作

菲利普杜弗共有三款经典之作，分别为大小自鸣三问表、Simplicity 和 Duality（见图 6.22）。

图 6.22　（左起）大小自鸣三问表、Simplicity 和 Duality

6.16　里查德米尔（Richard Mille）

1）历史发展

里查德米尔是创办人里查德·米尔以自己名字命名的品牌,2001 年创建于瑞士。里查德米尔历史虽然很短,但其顶级的品质却让钟表界叹服。里查德·米尔曾经说过:"我的目标是要制作出手表业界的'一级方程式'。"随后,获得的无数大奖证明里查德做到了。目前,里查德米尔产量仍然很小,始终坚持"精品、尖端"的原则,推出的大多是限量版,价格极其昂贵。

2001 年,里查德米尔推出第一块腕表 RM 001。该产品一面世便平地一声雷,立刻享誉国际,取得成功。

2006 年,里查德米尔融入崭新设计概念,承传突破制表技术,推出 6 款全新机械腕表。与此同时,里查德米尔再被美国《罗博报告》(*Robb Report*)杂志评选为年度最佳腕表。

2010 年,西班牙网坛巨星拉菲尔·纳达尔(Rafael Nadal)戴着价值 59 万美元的 RM 027手表取得了大满贯(见图 6.23)。相信没有几块表能吃得消如此猛烈的冲击的,然而里查德米尔做到了。一年后,里查德米尔凭借 RM 027 手表再获《罗博报告》年度最佳腕表大奖。

图 6.23　纳达尔（左）与他佩戴的里查德米尔 RM 027 手表（右）

2）工艺特点

里查德米尔拥有革命性的制表技术,其研制的最精密的陀飞轮腕表驰名于世。

2005 年面世的九款里查德米尔腕表从设计理念、制表物料到表内每部分的外形及性能，均与 F1 赛车的精密设计有着非常密切的关系。腕表的避震器的灵感以及功能选择键的灵感都是源于汽车。

腕表的功能选择键是里查德米尔独创的技术，类似汽车的排档，拥有上弦、调时和空挡三个挡位，这样减少了因上弦或者调时对机芯运行精准的影响。

在设计概念上，除了将巴西 F1 赛车手菲利普·马萨（Felipe Massa）为灵感元素外，也加入建筑艺术及航海等崭新设计素材；在制表技术上，里查德米尔沿袭对机械的喜爱和热切追求，研制出"零表盘"的机械腕表，这成为重要的技术突破，制作腕表的难度大幅增加。

目前，世界上最轻的腕表之一就是出自里查德米尔，纳达尔佩戴的 RM 027 陀飞轮腕表刨去表带后，表头重量仅有 13 克。

3）主要产品系列

里查德米尔主要产品包括 RM 25 系列、RM 71 系列、RM 11 系列、RM 67 系列、RM 69 系列和 RM 68 系列（见图 6.24）。

图 6.24　里查德米尔主要产品系列

4）品牌形象构建

里查德米尔从第一块腕表推出直至今日获大奖无数。

RM 005 Felipe Massa Titanium 是里查德米尔首枚以菲利普·马萨命名并为其设计的自动腕表，为庆祝他在 2006 年由索伯车队（Sauber Petronas）转为效力法拉利车队（Ferrari）而推出。表盘颜色特以巴西国旗的黄、绿色代表巴西籍的马萨，而表盘上的指针字体"6"用上红色，为纪念马萨在 2005 年试戴出赛的 RM 006，也同时代表了法拉利车队的颜色——由此可见其独特的设计方式。RM 005 Felipe Massa Titanium 以轻盈的钛金属为腕表制造物料，以喷砂技术制作，全球限量推出 300 枚。

里查德米尔专为尊贵客户的专属定制，根据客户喜好和国家文化，推出特殊的定制款（见图 6.25）。

图 6.25　里查德米尔的特殊定制款

6.17　罗杰杜彼（Roger Dubuis）

1）品牌背景

罗杰杜彼公司 1995 年由制表大师罗杰·杜彼（Roger Dubuis）和设计师卡洛斯·迪亚斯（Carlos Dias）在瑞士合作创立的一个著名手表品牌。罗杰杜彼品牌矢志不移地追求前卫、突破与优雅，在高级制表领域是当之无愧的大师。其创新源自对制表传统和制表工艺由衷的尊崇。

2）设计特点

凭借非凡卓越的活力,罗杰杜彼随即在高级制表领域占据一席之地。罗杰杜彼腕表在传统制表工艺和前卫设计之间取得完美平衡,在表坛迅速崛起。罗杰杜彼始终坚持着张扬的风格和不输于任何百年表厂的工艺。罗杰杜彼严遵高级制表的悠久传统,由表厂研发的31枚机芯的全部零件皆由品牌制表师以手工装饰和加工,追寻卓越的产品质量。

3）经典之作

罗杰杜彼经典之作包括王者系列、王者 Spider 系列和名伶系列(见图 6.26)。

图 6.26 （从左至右依次为）王者系列、王者 Spider 系列和名伶系列

4）品牌形象构建

作为"勇创非凡"的品牌,罗杰杜彼秉持颠覆成规的坚毅精神,勇于打破高级制表的疆界,将震撼设计同时运用于时计创作与精品店的构思上,从而展现出深植于品牌基因中的桀骜创意。

英国首都伦敦因作为奢华精品的聚集地且具有鲜明特色的双重性而享有国际盛誉,罗杰杜彼因此精心挑选了伦敦的邦德街(Bond Street)来为品牌建立一个英国大本营——罗杰杜彼创意精品店(见图 6.27)。这是一个以尊崇古老传统而闻名的大都市,且同时兼具着当代城市的创新思维与高度前卫风尚,任何事物皆散发着艺术气息;这种看似矛盾的双重性却与罗杰杜彼桀骜果敢与创意奢华的独特品位完美契合。

图 6.27　罗杰杜彼的创意精品店

6.18　劳力士（Rolex）

1）品牌起源

劳力士前身为德国人汉斯·威尔斯多夫（Hans Wilsdof）（见图 6.28）与英国人戴维斯（Alfred Davis）于 1905 年在伦敦合伙经营的 Wilsdof and Davis（W & D）公司，后由威尔斯多夫于 1908 年在瑞士的拉夏德芬（La Chaux-de-Fonds）注册，今天的劳力士才就此诞生。

图 6.28　汉斯·威尔斯多夫

对于品牌简简单单的五个字母组合的名称与标识，创始人汉斯·威尔斯多夫曾分享过其中的逸事："我几乎试遍所有字母组合，最终得出数百个名字，但没有一个令我称心满意。一天早上，我坐在公共马车的上层，途经伦敦市齐普赛街时，我仿佛听到一只小精灵的声音在耳边低声说道:'劳力士'。"于是"ROLEX"这五个字母组合从此就成了此品牌的标识。

2）品牌里程碑

• 1926 年,劳力士创制了首款能防水、防尘的腕表,让制表技术迈步向前。这款名为"Oyster"的蚝式腕表配备密闭的表壳,为机芯提供最佳的保护。

• 1931 年,劳力士研发了全球首创的专利自动上链机制——恒动摆陀。此独创系统是每枚现代自动腕表的基础设计。

• 1953 年,人类探险的辉煌成就为蚝式恒动探险家型腕表的诞生提供了灵感。自 1953 年问世以来,它一跃成为具有标志意义的经典腕表。同年,潜航者型诞生。这是首款能防水深达 100 米的潜水员腕表。其旋转外圈方便潜水员读取下潜时间。

• 20 世纪 50 年代,劳力士为 Deep Sea Special 实验型腕表进行严谨及详尽的测试。凭借制造首两款潜水腕表的知识和经验,第三代的 Deep Sea Special 腕表能够抵御极端严酷的环境,包括下潜至马里亚纳海沟(Mariana Trench)的"挑战者深度"(the Challenger Deep)海域。

• 于 1963 年推出的新世代计时腕表宇宙计型迪通拿,其命名源于一个经典的地标——"迪通拿"(Daytona)。宇宙计型迪通拿腕表坚固且防水,并其外圈更配备用以计算平均速度的计速刻度外圈。

• 2005 年,为了确保腕表的坚固性和持久性,劳力士研制出专利 Cerachrom 字圈,用于一些蚝式系列专业腕表(见图 6.29)。由于它用极其坚硬、耐腐蚀、抗刮损的特殊陶瓷制成,即使经紫外线照射也不会褪色。该材质抛光效果极好,赋予外圈卓越、持久的光泽。其 24 小时刻度,更覆有铂金薄涂层。

图 6.29　Cerachrom 字圈(左)、Parachrom 游丝(右)

2008 年,劳力士深潜型特别为水下极限探险而设计。创新的 Ringlock 系统,使表壳的镜面可承受水深相当于超过 3 吨的巨大压力,达到人类能承受水深的百倍。

3）品牌特点

劳力士在瑞士设立了四个融合顶尖制表技术的制造所，共有 6 000 多名富有专业知识与热诚的员工。劳力士制表过程中所需要的金都是公司内部生产而得。从外界采购回 24K 金之后，在位于日内瓦普朗莱乌特镇制造所的劳力士铸造车间里融化、混合、定型，成为铂金、18K 金和劳力士独有的永恒玫瑰金的表壳和表链。

4）经典之作

劳力士经典之作包括游艇名仕型航海系列、宇宙计型迪通拿系列、潜航者系列和日志型系列（见图 6.30）。

图 6.30　（从左至右起依次为）游艇名仕型航海腕表、宇宙计型迪通拿系列腕表、
潜航者系列腕表和日志型系列腕表

劳力士游艇名仕型航海腕表配备双向旋转立体 60 分钟刻度外圈，极易辨识。游艇名仕型 42 搭配了哑光黑色 Cerachrom 陶质外圈，完美衬托黑色漆面表盘。以 18K 白金打造，乃游艇名仕型系列首次采用此贵金属。表壳及表耳两侧折射出淡雅光泽，令蚝式表壳的轮廓更突出，倍添魅力。

劳力士宇宙计型迪通拿诞生于 1963 年，专为满足专业耐力赛车手的计时需要而设计。这款标志性腕表与赛车世界所追求的性能与卓越表现如出一辙、傲视同侪。宇宙计型迪通拿腕表诞生 50 年后，依然在运动计时腕表领域中占一重要席位，并不断发展演进。

劳力士潜航者型于 1953 年面世，是世界上第一只防水深达约 100 米的腕表。这是继 1926 年劳力士推出全球首只防水蚝式腕表后，防水性能研究上的第二次重大突破。潜航者型备有单向旋转外圈，这是腕表功能的关键所在。通过其 60 分钟刻度，潜水员能够监测下潜及减压时间，从而确保潜水安全。

从审美角度来看，不同型号的劳力士日志型腕表在经历了岁月洗礼之后，仍然保留着最初的美学元素。而其传统的表款，更是易于辨识的著名腕表。

5）品牌个性

作为一个拥有百年历史底蕴的高端腕表品牌，劳力士并没有因为身处在奇异腕表横行的瑞士高端腕表市场中，彻底革新自己的表款，注入不属于劳力士的风格来迎合年轻人的品位。劳力士的款式变化很小，大多数表款都是在一定基础上不断演进，既稳固了"ROLEX"这5个字母在人们心中不可动摇的地位，也证明了劳力士敢于做自己，不忘初心，始终坚持劳力士的品位。

劳力士在各方面的"不妥协"是成就此传奇品牌的精髓，其中就包括了材料选取的精心与制作工艺的精湛。904L钢材和316L钢材都属于不锈钢，两者最大的区别就在于材质中铬金属的含量，904L钢材含铬量更大，而铬金属可以在金属表面形成一种防腐蚀保护膜，因此提升了904L钢的耐腐蚀性。早期和其他高端腕表品牌一样，劳力士使用的钢材是316L不锈钢，此种钢材现在依旧被运用于百达斐丽及江诗丹顿等品牌的腕表中。1985年，劳力士在Sea-Dweller的少数版本中第一次采用904L超级不锈钢。至2003年左右，所有的钢制产品都开始使用904L超级不锈钢，逐渐更换成为品牌全系标配。904L钢拥有更坚硬、更抗腐蚀、更有光泽的特点，但其造价较高，并且对工艺的要求也很高，对其加工需要选用特殊机器才能完成。劳力士作为一家可以自产几乎所有制表材料的制表品牌，有能力对自家全部机器进行升级与更新，因此劳力士就可以保证采用最适合此种钢材的机器对其进行加工。这对于其他腕表品牌，尤其是需要外界提供配件的制表品牌而言，是无法逾越的一道障碍。

劳力士于1931年研发了全球首创的专利自动上链机制——恒动摆陀。此独创系统是每枚现代自动腕表的基础设计，配备半月形自动陀，可随佩戴者的手腕活动以双向方式绕中央轴轮自然摆动（见图6.31）。此装置一直拉紧发条，为腕表提供持续稳定的动力来源。恒动机芯对劳力士腕表建立卓著声誉起着决定性作用。这些机械自动上链机芯以常见的特征为基础，由劳力士自行设计及制造，全部均通过瑞士精密时计测试中心（COSC）的严格认证，确保性能超卓，而在精准度、可靠性、防震性及上链效能方面亦达到严格标准，并且易于保养。恒动机芯装配于防水表壳下，故佩戴者未能观见其精巧结构。唯有劳力士认证的制表师，方可使用特定工具一窥恒动机芯，而这些机芯均以最优秀的制表传统精心修饰。夹板和轮系均饰有圆纹，夹板经磨光、圆纹或蜗纹处理，而螺丝顶部亦经镜面抛光，所有边缘均经削角打磨。一丝不苟的品牌传承与制表传统由此体现。

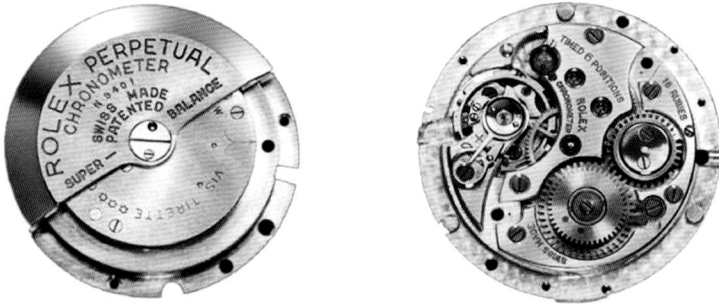

图 6.31　劳力士自动上链机芯

　　虽然劳力士最初专注于改良机芯质量与提高腕表选材质量,然而其在精密时计精准度方面的积极探索,使得劳力士成为在材料、机芯与精度方面都有极高造诣的高端腕表品牌。1910 年,劳力士获得了瑞士比尔的官方钟表评级中心颁发的瑞士时计证书,也是首只获得此证书的腕表品牌。四年后,即 1914 年,英国矫天文台(Kew Observatory)为劳力士颁授"A"级证书(见图 6.32)。在当时,此等级一般都是航海精密时计方能获取的。自那时起,劳力士腕表便成为精准时计的象征。

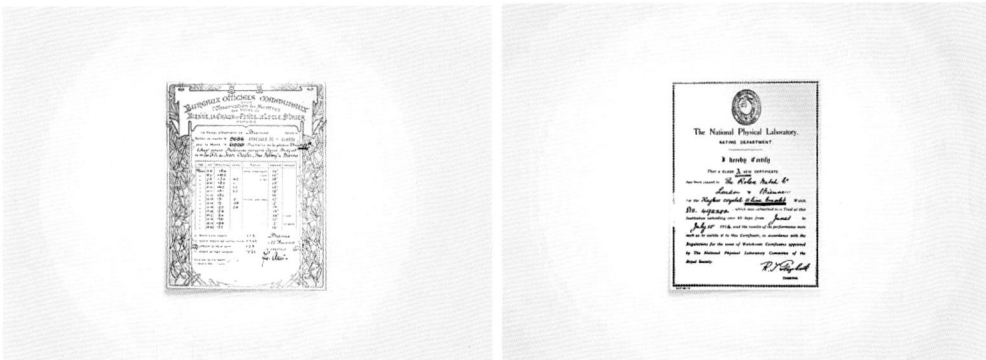

图 6.32　瑞士时计证书(左)、英国矫天文台颁授的"A"级证书(右)

　　劳力士制表厂拥有各式各样的科学研发实验室,均配备了最先进的仪器,旨在提升制表工艺和制造技术。其中,化学实验室负责各类润滑油和润滑脂的研制,这对于机械表的稳定运转和生产机器的流畅运作十分重要。监测实验室观察金属和其他材料在加工工艺中的效果,并力求不断提高。在强度测试实验室中,腕表的各个零配件,包括机芯、表壳、表带,都要接受极高标准的强度测试,还需通过由机器人来模拟日常佩戴时可能会出现的极端使用条件的考验。每只腕表在出厂之前,必须要经过三次检验,以确保没有任何有瑕疵的漏网之鱼,正体现了劳力士作为高端腕表品牌所一贯坚持的品质为上的精神。

除此之外,劳力士还在公司内部拥有真正的铸造厂,在制表过程中所需要的黄金,全部都是自家内部生产而出。从外界采购回 24K 金之后,劳力士在自己的铸造车间里将其融化、混合、定型,铸造成腕表上使用的 18K 黄金、白色 18K 金和 18K 永恒玫瑰金。劳力士是目前已知的唯一自产黄金的钟表制造商。严格的材料控制换来的是劳力士腕表的质量保证。

6.19　雅典(Ulysse Nardin)

1)品牌背景

雅典创于 1846 年,至今已经走过了 170 多年,作为世界顶级名表,雅典在其恒久长远的背景下,精湛的制表工艺及创新的能力,已经成为其代名词。雅典最初以航海钟起家,其制作的航海钟是有史以来最可靠的航海仪器,成为世界 50 多个国家海军的必备仪器。

2)设计特点

雅典于早期已致力研制三问报时表,是复兴问表技术的先锋。加入了精雕细琢的活动人偶表盘,成为史无前例的创作,令雅典的三问报时表声名大噪。

雅典以珐琅、人偶三问、奇想陀飞轮和无与伦比的天文三部曲等著称,使其位列世界名表之顶级。

欧克林博士更进一步发挥其无穷的创意,研制出哥白尼运行仪腕表及克卜勒天文腕表,连同伽利略星盘腕表,成为雅典的时计三部曲,这不仅是机械腕表的一项卓越成就,更彰显出雅典在物理及哲学上锲而不舍的钻研精神。

3)经典之作

雅典经典之作包括航海系列、潜水系列、经理人系列、奇想系列和经典系列(见图 6.33)。

图 6.33　（从左至右依次为）航海系列、潜水系列、经理人系列、奇想系列和经典系列

4）奇幻世界

雅典表是钟表制作领域中的创新先锋，它勇于打破界限、挑战传统，敢于去探索海洋中的宝藏。2018 日内瓦钟表展上首次推出了奇想系列自动上链腕表，这款高端腕表包含了结合镍制部件和微型薄片的超轻硅制摆轮（见图 6.34），以及采用一个弧形圆顶水晶玻璃表镜制成的超薄表壳。整款腕表更加通透大气。

图 6.34　雅典奇想系列腕表的镍制部件与硅制摆轮

时间的展示沿用奇想系列的方式，令其有别于一般系列，即通过条状机芯来显示时间，腕表的"飞行卡罗素"会绕其轴心旋转。全新的上层齿轮板桥以 3D 立体船身为设计灵感，崭新的弧形圆顶水晶玻璃表镜可以使腕表中间部分和表圈变得纤薄。最后，整个表壳都令人耳目一新——表耳、表圈、表壳侧边的橡胶，令其更加通透大气。

6.20 和域（Urwerk）

1）品牌背景

和域腕表品牌由菲利克斯·鲍加特纳（Felix Baumgartner）和托马斯·鲍加特纳（Thomas Baumgartner）两兄弟和他们的朋友马丁·费伊（Martin Frei）于1995年共同创立。他们三人都是很有才华的制表师，也是才华出众的艺术家和设计师，三人的会面促成了该品牌的面世。三人对钻研时计工艺满腔热情，经过长时间讨论、分享各自的哲学理念和梦想，最终决定推出自家时计品牌。

2）设计特点

卫星系列UR-210腕表装配了和域经典的时间显示系统，时刻分秒精准无误，但令人惊艳者是其与表主互动、与表主生活节奏呼应的功能。

机电控制（electro mechanical control，EMC），是100%纯机械、具有高精准度并且可让其佩戴者自行监控机芯走时精准率的腕表。具有独具一格的时间显示方式（跳时、线式逆跳分钟、光学纤维秒钟显示）以及充满未来气息的观感。

3）经典之作

和域经典之作包括卫星显示系列、历史系列和计时系列（见图6.35）。

图6.35 （从左至右依次为）卫星显示系列、历史系列和计时系列

4）品牌形象构建

和域腕表品牌虽然很年轻,才 20 多年的历史,但它胜在特别的个性上:它炫酷,极具未来科技感。戴上一款和域腕表,顾客会有穿越未来的感觉,仿佛进入了外星球。连"钢铁侠"小罗伯特·唐尼都很喜欢,将其展现在《蜘蛛侠:英雄归来》电影之中(见图 6.36)。

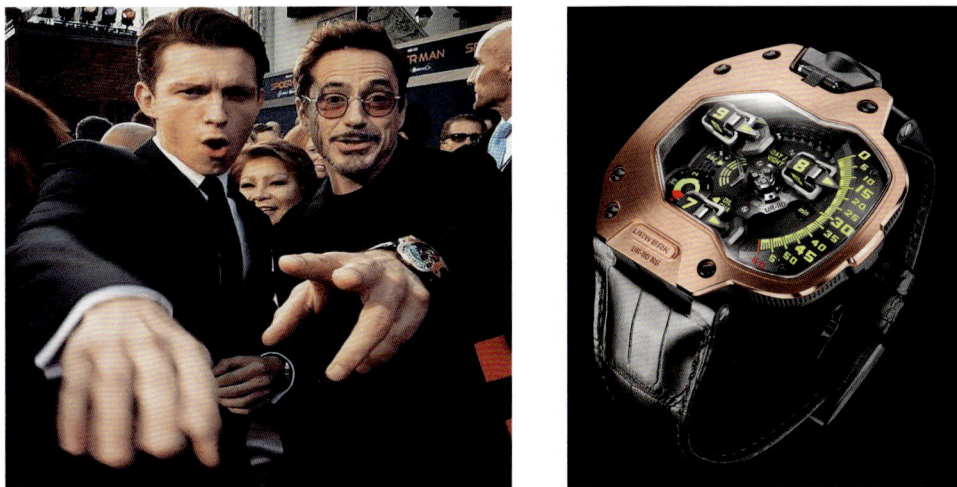

图 6.36　小罗伯特·唐尼在电影中佩戴的和域腕表

和域 UR-111C 独特的滚轮集成在表壳顶部。腕表采用抛光钢制表壳,尺寸为 46×42×15 毫米,具有时间跳跃,逆行线性分钟,数字分钟和秒钟。无须拉出表冠设置时间,在表壳侧面可以摆出一个杠杆,然后向任一方向转动滚轮调节。小时和两个版本的分钟显示在机箱侧面的蓝宝石玻璃盖板内,这样您就可以一目了然地看到数字,而无须转动手腕或放开方向盘。

UR-111C 的数字秒针交替安装在两个小轮子上:一个轮子上有 10～60 数字记录,另一个上有 5～55 数字记录。每个镂空秒针轮重 0.018 克(带数字 0.025 克),采用 LIGA 工艺制作的金属微型花边。当数字以蜿蜒的进展通过圆形窗口时,秒数字看起来非常接近。它们交替出现,通过称为图像导管的密集簇,精确对准的光纤传输到视觉范围内,位于数字上方 0.1 毫米处。机芯以 4 赫兹的速度跳动,具有 48 小时的动力储备,防水深度 30 米,零售价约为 130 000 美元。

6.21 江诗丹顿(Vacheron Constantin)

1)品牌背景

1755 年,才华横溢的瑞士年轻钟表匠让-马克·瓦什隆(Jean-Marc Vacheron)在日内瓦市中心建立了一个钟表工作室。1819 年,经验丰富的商人弗朗索瓦·江诗丹顿(François Constantin)与让-马克在日内瓦合作创立了江诗丹顿,成为历史最悠久的高端腕表品牌之一。1880 年,江诗丹顿注册"马耳他十字星"为品牌标识。从此,这个标志性十字符号不断出现在钟表界,并一次次改写钟表界的历史。

2)品牌特点

• 江诗丹顿在日内瓦工厂的年产表量仅为 6 000 枚。

• 天才机械师乔治-奥古斯特·莱斯苏(Georges-Auguste Leschot)于 1839 年任江诗丹顿的技术总监。他不仅是一位机械天才,更拥有非凡远见和丰富的想象力。他设计出首个可以重复及大量生产多种钟表零件的仪器——比例缩放仪(pantograph),为整个瑞士制表业带来突破性的改革,大大缩短了零件制作时间,也让原本参差不齐的手工制作零件变得统一化,可互相替换,大大提高了制表效率。

经过悉心设计的江诗丹顿钟表成就了多项创举,加上多款复杂功能,如天文显示、浑天仪式陀飞轮和大自鸣报时功能,令作品功能更强大,款式更多样,堪称高级钟表领域的代表。

3)经典之作

江诗丹顿经典之作包括传承系列、纵横四海系列、伍陆之型系列和传袭系列(见图 6.37)。

图 6.37 (从左至右依次为)传承系列、纵横四海系列、伍陆之型系列和传袭系列

传承系列腕表是简约风格的典范。它体现独具匠心的极简主义理念——流畅的圆弧、美学的精髓,在结构严谨的直线与弧线之间实现平衡,纤薄优雅的表壳灵感源自江诗丹顿于 20 世纪 50 年代创作的款式,彰显其独特的个性。

纵横四海系列腕表在 2016 年重新打造,全方位诠释江诗丹顿的品牌旅行精神。这个放眼世界的精神源自弗朗索瓦·江诗丹顿创立品牌以来一直坚持的核心理念。纵横四海系列时计搭配可替换表带,整体设计符合休闲优雅与坚固实用的原则,是旅行者的专属选择。

伍陆之型系列代表着一个年份,源自江诗丹顿在 1956 年面世的标志性腕表。这个系列设计现代,散发悠闲气息,经典表盘与新颖表壳的强烈对比为腕表增添个性,展现鲜明的都市风格。表壳设计从品牌的马耳他十字标识汲取灵感,而粉红金镂雕摆陀也融合了此设计。

传袭系列传袭了源于 18 世纪日内瓦严谨的高级制表风格,这些时计按严格的标准制作,蕴含悠久丰富的历史,彰显非凡的钟表规范和精密复杂的技术。从简约到复杂的作品,每一款都向世代传承的专业技艺致敬。

4) 荣誉殿堂

• 18 世纪,在自然光线充足的工作室中,日内瓦经验丰富的制表大师运用精湛工艺创造钟表杰作,这些位于城市建筑物顶层的工作室被称为"阁楼"。因此,江诗丹顿的阁楼工匠部门负责定制服务,每年都会从品牌珍视的领域中汲取灵感,并以艺术工艺创作独具特色的作品。

• 1972 年,江诗丹顿凭借一枚打破传统美学框架的不规则设计 1972 表款,在巴黎丽兹酒店获颁授法国声望证书"Diplôme du prestige de la France"。

• 江诗丹顿不断追求极致纤薄的制表境界,并在 1992 年超越极限,打造出世界最薄、厚度仅为 3.28 毫米的 1755 三问机芯,将精湛的制表技艺推向前所未有的高峰。

• 时至今日,江诗丹顿仍然秉承了迎合个人需求、打造量身定制时计作品的悠久传统。2015 年的 9 月 17 日(品牌创立的第 260 年第 260 天),江诗丹顿发布了 57260 定制怀表。

图 6.38　江诗丹顿 57260 定制怀表

这款表一经推出就打破多项纪录，成为 21 世纪新一代的"表王"。这款怀表配备 57 项制表复杂功能，由表厂的三位制表大师花费八年时间精心制作，成就这款名副其实的典范之作。

6.22　梵克雅宝（Van Cleef & Arpels）

1）品牌背景

法国珠宝腕表世家梵克雅宝自 1906 年在巴黎旺多姆广场创立至今，一直注重创作。梵克雅宝传承精湛技术，坚守原创设计风格并坚持选用璀璨宝石，融合诗意创作，不断绽放恒久之光。

2）设计特点

梵克雅宝的 Charms 系列设计浪漫丰富，融合充分的美学色彩，以全新方式演绎浪漫之都巴黎的爱情三部曲。

诗意复杂功能系列腕表设计创新精巧，蓝白相间的色彩使用具有独特的现代高级感，同时也将梵克雅宝的浪漫元素充分展现。

非凡表盘系列的设计在表盘上充分体现出梵克雅宝精巧绝伦的工艺，在色彩搭配上体现出品牌浪漫迷人的元素，在指针和时刻的制法上体现出品牌精湛的工艺与创作。

梵克雅宝四叶幸运系列自面世以来一直深受全球女性顾客喜爱 。这个象征幸运、健康、财富和爱情的四叶草图案不仅是梵克雅宝的标志性设计元素，同时也成为珠宝界最具辨识度的系列之一。

3）经典之作

梵克雅宝经典之作包括四叶幸运系列、Charms 系列、非凡表盘系列和诗意复杂功能系列（见图 6.39）。

图 6.39 （从左向右依次为）四叶幸运系列、Charms 系列、非凡表盘系列和诗意复杂功能系列

4）"锁住"时间

2015 年的日内瓦"钟表与奇迹展"上梵克雅宝运用了世家的精湛工艺，以精心雕琢的表盘传颂独一无二的时间的诗篇（poetry of time）。而品牌于 1935 年面世的 Cadenas 腕表（见图 6.40）在本次展览中推出全新设计，让这家起源于 19 世纪初的顶级珠宝品牌再一次展现了结合珠宝及腕表的原创美学。

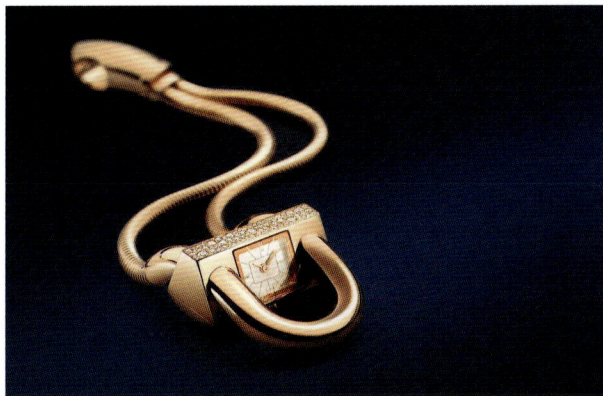

图 6.40 梵克雅宝 Cadenas 腕表的全新设计

|研究案例　独立制表师乔治·丹尼尔|

20 世纪 60 年代末,当采用杠杆擒纵结构的机械机芯还在高端腕表中占据主流地位时,英国独立制表大师、发明家乔治·丹尼尔(George Daniels)在某一晚灵光乍现,设想了全新的擒纵机构,重新设计机械腕表机芯的心脏,降低机芯内各动力部件间的摩擦,从而避免了杠杆擒纵机构(Swiss lever)对于润滑的大量需求,也解决了困扰制表商数世纪的难题。同轴擒纵(co-axial escapement)(见图 6.41)就此诞生。

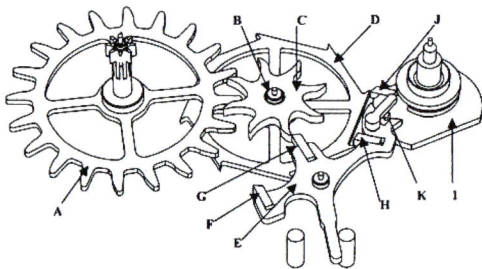

图 6.41　同轴擒纵结构

乔治·丹尼尔(见图 6.42)设想了全新的擒纵结构后便立刻将脑海中的创意用纸笔快速记录下,在第二天便着手投入研究。擒纵结构承担着腕表机芯中最重要的功能,因此可以算是腕表心脏的主动脉。简单来说,擒纵结构受摆轮控制,决定发条中储存能量释放速度。释放出的能量部分用于支持腕表中的各种复杂计时功能,例如指针的运动与日历的更新等;剩余部分的能量用于维持摆轮的摆动,而摆轮则又通过控制擒纵结构控制着能量的释放速度,因此摆轮与擒纵结构互相牵制,相辅相成。早期的擒纵结构主要有英国人发明的丁字轮、工字轮,而后被宝玑于 18 世纪发明的全新瑞士杠杆擒纵结构逐渐代替,后者也成为当时所有制表厂都使用的标准擒纵机构。这位英国制表大师的出现将英国技术重新带入了高级制表业。

（a）　　　　　　　　　　　　　　　（b）

图 6.42　乔治·丹尼尔

在图 6.43a 所示主流杠杆擒纵结构中,擒纵轮施加推力的方向与擒纵叉运动方向不一致,通常这两个方向有近 60 度的夹角,因而只有 50% 的动力被传递给摆轮,能量浪费显著;此外擒纵轮齿与擒纵叉瓦之间作用过程滑动摩擦较大,必须依靠额外的润滑,否则阻力将显著增加。

乔治·丹尼尔研制发明的同轴擒纵结构不同于一般的擒纵机构,如图 6.43b 所示,擒纵轮与擒纵叉之间的摩擦由垂直方向变为平行方向,此颠覆性的改变使机械表传统的 3~5 年一次的保养洗油延长至 10 年。同时因为同轴擒纵实现的基本条件是螺丝调校摆轮和无卡度游丝,这样令同轴擒纵机芯可以轻松获得天文台认证,得以走时精准。

（a）杠杆擒纵机构　　　　　　　　　　　（b）同轴擒纵系统

图 6.43　常见擒纵机构

而乔治·丹尼尔的此项伟大发明在一开始并未得到制表业的认可,各大制表商都已沉浸于杠杆擒纵结构带来的便利,因此对此发明极为冷漠。乔治·丹尼尔并未就此气馁,坚持将自己最好的发明展现给全世界,为了同轴擒纵整整奔波了 30 年。直到斯沃琪集团创始人,时任集团主席的尼古拉斯·G. 海耶克慧眼识珠,为此引入此项技术,同轴擒纵才得以绝处逢生。1999 年,欧米茄发布了第一款搭载革命性同轴擒纵系统的腕表。8 年后,8500 同轴机芯问世,开创了机械制表业的全新时代。

除了最具影响力的同轴擒纵结构,乔治·丹尼尔之后的作品也一直在刷新制表业的历史。他在 1982 年完成的"The Space Traveller I"被形容为"最重要的现代英国时计",用以纪念 1969 年美国成功登月。

搭载平太阳时、恒星时、时间等式及月相显示,不仅是有史以来工艺最成熟的怀表,还对丹尼尔有着无可比拟的个人意义,丹尼尔对它珍爱有加,他认为"这枚怀表是火星旅行的不二之选",在各种场合这枚怀表都陪伴着他。1982 年,他与一名藏家共进晚餐时被说服割爱,却很快就对这个决定深感后悔。2019 年 7 月 2 日,"The Space Traveller I"(见图 6.44)以 3 615 000 英镑(4 561 407 美元)大幅超越估价(70 万~100 万英镑/90.5 万~130 万美元)成交,远超 31 年前上拍时成交价逾 30 倍,刷新英国时计及独立制表商时计两项世界拍卖纪录,同时亦为本年度拍卖最高成交价的时计。

图 6.44　**The Space Traveller I**

苏富比国际钟表部主席达琳·施尼珀(Daryn Schnipper)曾表示,乔治·丹尼尔是一名具有远见的革命家,为现今无数抱负远大的年轻独立制表师树立楷模。这位被认为是 20 世纪最伟大的制表大师,一生仅为我们呈现 23 枚怀表,但却对制表业带来了革新式的贡献,为机械钟表注入全新血液,成为一代年轻钟表师最崇敬的制表大师。

思考与探索

1. 杠杆擒纵结构在同轴擒纵结构发明后为什么依旧占据腕表市场的主流地位？

2. 英国制表业为什么始终无法赶超法国、瑞士的高端腕表业？

3. 乔治·丹尼尔作为同轴擒纵结构之父，其伟大之处究竟何在？

附录

腕表品牌名对照表

原　　名	中文译名	原　　名	中文译名
A. Lange & Söhne	朗格	Chaumet	尚美巴黎
Alain Silberstein	艾伦萧伯斯坦	Chopard	萧邦
Aston Martin	阿斯顿马丁	Chrono/Chronotech	古莱特
Audemars Piguet	爱彼	Citizen	西铁城
Balmain	宝曼	Coach	蔻驰
Baume & Mercier	名士	Corum	昆仑
Blancpain	宝珀	Cyma	西马
Bore	依波路	Daniel Roth	丹尼尔罗斯
Bottega Veneta	葆蝶家	Davosa	迪沃斯
Breguet	宝玑	Dior	迪奥
Breitling	百年灵	Dolce & Gabbana	杜嘉班纳
Bugatti	布加迪	Doxa	时度
Bulgari	宝格丽	Dubey & Schaldenbrand	杜彼萧登
Bulova	宝路华	Ebel	玉宝
Burberry	博柏利	Eberhard	依百克
Calvin Klein	卡尔文克莱恩	Enicar	英纳格
Cartier	卡地亚	Eterna	绮年华
Casio	卡西欧	Flik Flak	飞菲
Certina	雪铁纳	Fortis	富利斯
Chanel	香奈儿	Frank Muller	法穆兰

原　　名	中文译名	原　　名	中文译名
Fred	斐登	Leviev	列维夫
GEOX	健乐士	Longines	浪琴
Gerald Genta	尊达	Louis Vuitton	路易威登
Giorgio Armani	乔治阿玛尼	Marcello C	马尔切洛
Girard-Perreguax	芝柏	Martin Braun	马丁布朗
Glashütte Original	格拉苏蒂原创	MB&F	MB&F
Graff	格拉夫	Mido	美度
Grand Seiko	冠蓝狮	Minerva	美耐华
Grand-Prix	格林	Miyota	御代田
Greubel Forsey	高珀富斯	Montblanc	万宝龙
Gruen	高路云	Movado	摩凡陀
Gucci	古驰	Muehle	莫勒
H. Moser & Cie	亨利慕时	Nivada	尼维达
Hamilton	汉米尔顿	Nivrel	尼芙尔
Hanhart	显赫	Nomos	诺莫斯
Hardy Amies	赫迪雅曼	Officine Panerai / Panerai	沛纳海
Harry Winston	海瑞温斯顿	Ogival	艾其华
Hermès	爱马仕	Olma	奥尔马
Hublot	宇舶	Omega	欧米茄
HYT	HYT	Orient	东方双狮
Ikepod	艾克宝	Oris	豪利时
IWC	万国	Parmigiani	帕马强尼
Jacques Etoile	雅克	Patek Philippe	百达翡丽
Jaeger-LeCoultre	积家	Paul Picot	柏高
Jaquet Droz	雅克德罗	Perrelet	伯特莱
JeanRichard	尚维沙	Philippe Dufour	菲利普杜弗
Junhans	荣汉斯	Piaget	伯爵
Léon Hatot	黎欧夏朵	Porsche Design	保时捷设计

原　　名	中文译名	原　　名	中文译名
Prada	普拉达	Vacheron Constantin	江诗丹顿
Pronto	百浪多	Van Cleef & Arpels	梵克雅宝
Rado	雷达	Ventura	文图拉
Rainer Brand	瑞纳	Vulcain	凡尔根
Revue Thommen	梭曼	Xemex	尚美
Richard Mille	里查德米尔	Zenith	真力时
Roamer	罗马	Zeno	芝诺
Roger Dubuis	罗杰杜彼		
Rolex	劳力士		
Sandoz	山度士		
Schwarz-Etienne	艾登		
Seiko	精工		
Sinn	辛恩		
Sothis	索迪斯		
Stowa Joerg Schauer	司多娃		
Swatch	斯沃琪		
Tag Heuer	泰格豪雅		
Temption	宝星		
Tiffany	蒂芙尼		
Tissot	天梭		
Titoni	梅花		
Tod's	托德斯		
Tudor	帝舵		
Tutima	帝玛		
Ulysse-Nardin	雅典		
Union Glashütte / Union	宇联		
Universal	宇宙		
Urwerk	和域		

参考文献

[1] 陈美东，华同旭，2011.中国计时仪器通史·古代卷[M].合肥：安徽教育出版社.

[2] 陈维斌，1980.瑞士钟表工业的今昔[J].世界经济，(02):67-69.

[3] CLOVER，2014.腕间风采，耀眼珍藏[J].财会月刊，(33):86.

[4] 段德兴，董万黎，薛波，2003.钟装古今谈[J].档案与建设，(12):20-21.

[5] EMMA F.卡地亚，如何借助数字化完成品牌传播与消费者链接？[EB/OL].(2016-06-23)[2019-11-22].https://socialone.com.cn/cartier-digital-method-2016/.

[6] 高跃，2012.同轴擒纵是与非[J].时尚时间，(8):112-115.

[7] 宫佳，2007.时尚腕表：机械里的柔情[J].绿色中国，(14):67-69.

[8] 郭嘉，2015.复杂功能腕表·渗透时间之美[J].时尚北京，(9):122-128.

[9] 郝娟娟，2019.态度出众——卡地亚亮相2019日内瓦国际高级钟表展[J].服装设计师，(Z1):176-183.

[10] 李晶晶，2014.钟表的魅力[J].财会月刊：财富文摘，(11):98-99.

[11] 李倩，2014.设计力与文化软实力——瑞士创造之手表与建筑[J].学术评论，(6):68-73.

[12] 李松，2010.现代腕表造型设计研究[D].长春：吉林大学.

[13] 李艳，张蓓蓓，谢琳，2008.探析SWATCH手表的设计与品牌战略[J].包装工程，29(12):204-207.

[14] 李约瑟，王铃，普拉斯 DJ，1956.科学史与科学家介绍——中国的天文钟[J].科学通报，(06):100-101.

[15] 梁璐，2017.表盘面上的功夫——腕表上的花纹知多少[J].钟表，(5):72-80.

[16] 梁璐，2014.精湛技艺造就完美腕表——对话宝珀中国区副总裁廖昱[J].钟表，(2):34-39.

[17] 刘钢，2014.复杂腕表：巧艺夺天工[J].艺术品鉴，(5):168-176.

[18] 刘永清，2003.斯沃琪手表的世界级品牌之路[J].管理现代化，(02):51-53.

[19] 罗戟，2002.时钟之美[J].东南文化，(10):60-63.

[20] 吕江，2008.略谈德国现代腕表的设计特色[J].南京艺术学院学报：美术与设计版，

(03):191－192.

[21] 茅健，傅裕，2011.机械手表擒纵机构动力学分析与仿真[J].机械科学与技术，30(9)：
1561－1564＋1568.

[22] 沐阳，2017.宝玑三大工艺鉴赏[J].钟表，(5):84－91.

[23] 匿名，2015.TPE正成为中高档智能手环腕表首选材料[J].工程塑料应用，43(8)：
102－102.

[24] 匿名，2017.宝珀四大超凡工艺[J].钟表，(5):38－47.

[25] 匿名.你会选择在网上购买奢品腕表吗？——奢品腕表在如何布局电商[EB/OL].
(2018－03－19)[2019－11－22].https://zhuanlan.zhihu.com/p/34707706.

[26] 钱磊，2010.钟表匠手札[J].诗刊，(24):12－12.

[27] 宋荣昌，李萍，谭惠民，等，2010.擒纵机构参数对钟表机构的计时散布影响研究[J].
北京理工大学学报，30(03):263－265＋270.

[28] 孙翔雨，2013.计时工具的演进发展及设计研究[D].南昌：南昌大学.

[29] 王珺洋，2018.奢侈腕表品牌如何在线上突围？细读AP爱彼的创新营销方案[J].钟
表，(6):46－49.

[30] 王雷，2018.腕表的新材质创新(下)[J].钟表(最时间)，(6):14－17.

[31] 王李莹，2013.积家ICON腕表设计的"变"与"不变"[J].包装工程，34(6):22－25.

[32] 王雯，王娇娇，2016.瑞士钟表业"工匠精神"培育分析——兼论对我国现代学徒制的
启示[J].职业技术教育，(33):75－77.

[33] 夏黛，2016.工匠精神与中国制造[J].中国统计，(10):36－37.

[34] 杨聃，2013.马球与腕表[J].财会月刊：财富文摘，(7):76－77.

[35] 张遒龄，吉勤之，2011.中国计时仪器通史·近现代卷[M].合肥：安徽教育出版社.

[36] 周和毅，2002.成功是失败之母——"手表王国"衰落的启示[J].中国人才，(1):54－
54.

[37] 朱星，Godun R M，2017.高精度可移动原子钟[J].物理，(04):246－246.

[38] FUKUTOME S，HATANAKA H，SAITO M，1987. Acoustic alarm device for
watches. Journal of the acoustical society of America，81(1)，210.

[39] GHODESWAR，BHIMRAO M，2008. Building brand identity in competitive
markets：a conceptual model[J]. Journal of product & brand management，17(1)，
4－12.

[40] MIYAZAWA O，HASHIMOTO Y，FUNASAKA T et al.，1999. Investigation of
ultrasonic motors using thin piezo-ceramics and a metal composite-plate for watches.

Japanese journal of applied physics，38(1-9B)，5608 – 5611.

[41] POGUE D，2014. Smart watches flunk out. Scientific American，310(6)，37.

[42] REYMONDIN C-A，MONNIER G，JEANNERET D，2015. The theory of horology，Lausanne：Swiss Federation of Technical Colleges.

[43] VON WILLISEN F K，1979. Electronic watches：the quartz watch：Its life and times：Intervals between battery replacement will increase as the watch improves in accuracy and versatility. IEEE spectrum，16(6)，18 – 23.

索　引

Z

图书在版编目（C I P）数据

奢侈品品牌管理.高端腕表 / 李杰著 . — 上海：上海
交通大学出版社，2020
ISBN 978 - 7 - 313 - 22548 - 1

Ⅰ.①奢…　Ⅱ.①李…　Ⅲ.①手表-品牌营销-教材
Ⅳ.①F713.3

中国版本图书馆 CIP 数据核字(2019) 第 263422 号

奢侈品品牌管理——高端腕表
SHECHIPIN PINPAI GUANLI —— GAODUAN WANBIAO

....

著　　者：李　杰
出版发行：上海交通大学出版社　　　　　　地　　址：上海市番禺路 951 号
邮政编码：200030　　　　　　　　　　　　电　　话：021 - 64071208
印　　刷：上海雅昌艺术印刷有限公司　　　经　　销：全国新华书店
开　　本：787mm×1092mm　1/16　　　　　印　　张：15
字　　数：290 千字
版　　次：2020 年 8 月第 1 版　　　　　　　印　　次：2020 年 8 月第 1 次印刷
书　　号：ISBN 978 - 7 - 313 - 22548 - 1
定　　价：150.00 元